Hans-Werner Wahl

Die neue Psychologie des Alterns

Hans-Werner Wahl

Die neue Psychologie des Alterns

Überraschende Erkenntnisse über unsere längste Lebensphase

Kösel

Sollte diese Publikation Links auf Webseiten Dritter enthalten, so übernehmen wir für deren Inhalte keine Haftung, da wir uns diese nicht zu eigen machen, sondern lediglich auf deren Stand zum Zeitpunkt der Erstveröffentlichung verweisen.

Verlagsgruppe Random House FSC® N001967

3. Auflage

Neumarkter Str. 28, 81673 München
Umschlag: Weiss Werkstatt, München
Umschlagmotiv: shutterstock/fivespots
Satz: GGP Media GmbH, Pößneck
Druck und Bindung: GGP Media GmbH, Pößneck
Printed in Germany
ISBN 978-3-466-34637-0
www.koesel.de

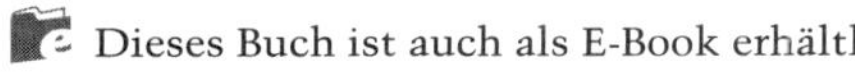 Dieses Buch ist auch als E-Book erhältlich.

Inhalt

Warum dieses Buch? 9

1 **Was Älterwerden heute bedeutet – und was uns die neue Psychologie des Alterns darüber sagen kann** 13
Die Erfolgsgeschichte des heutigen Alterns: unglaublich, aber wahr 13
Herausforderungen heutigen Alterns: neu und unvertraut 24
Die neue Psychologie des Alterns: Was sie will und was sie kann 29
Resümee 47

2 **Altern beginnt im Kopf: Die Macht von Einstellungen und Erwartungen** 51
Ich bin so alt, wie ich nicht bin: Warum wir unser Altern nicht mögen 52
Ich bin so alt, wie ich mich fühle 58
Welche Wirkung zeigen Altersstereotype und subjektive Altersbewertungen? 62
Warum Altersstereotype und Altersbewertungen so wirken, wie sie wirken 65
Resümee 68

3 **Psychisches Altern im Sixpack: Nicht nur Verlust, sondern auch Gewinn** 71
Wohlbefinden und Emotionen: Paradoxien auf der Spur 71

Geistige Leistung und Lebenswissen:
Genie und Weisheit 84
Soziale Beziehungen und Einsamkeit 97
Wohnen und Mobilität 117
Technik und virtuelle Räume des Alterns 140
Gesundheit und Krankheit – im Alter kaum
zu trennen 150
Resümee 170

4 **Altern vom Lebensende her gedacht: Neue Erkenntnisse der Distanz-zum-Tod-Forschung** 173
Ein Geniestreich:
Die Entdeckung des »Terminal Decline« 175
Die neue Distanz-zum-Tod-Forschung:
Was wir wissen und was noch nicht 178
Resümee 183

5 **Sind wir unseres Alterns Schmied? Macht und Ohnmacht gegenüber dem Älterwerden** 187
Modelle erfolgreichen Älterwerdens 190
Stärken des heutigen Alterns: Natürliche Steuerungs- und Selbstinterventionsmöglichkeiten 196
Profis für das Altern: Was professionelle
Interventionen heute leisten können 201
Resümee 209

Kein Ende in Sicht: Altern im Übergang zu Neuem und noch weithin Unbekanntem 211

Danksagung 217
Literaturnachweis 219
Bildnachweis 224

Für
Juri, Kolja und Milo

Warum dieses Buch?

Wie gehen Sie eigentlich mit Ihrem Älterwerden um? Stecken Sie den Kopf in den Sand? Oder lesen Sie alles, was es zu diesem Thema gibt? Oder finden Sie sich einfach damit ab? Ich behaupte in diesem Buch, dass wir alle, auch die Jüngeren, uns heute frühzeitig auf das lange Leben und die lange Altersphase einstellen müssen. Vor allem aber müssen wir alle die heute recht sichere und lange Zeit des höheren Lebensalters selbst mit- und ausgestalten. Die Auseinandersetzung mit unserem Älterwerden ist gewissermaßen ein Dauerthema unseres Lebens, zumindest ab dem mittleren Erwachsenenalter, aber beileibe nicht das schlechteste, und langweilig oder gar unangenehm ist es schon gar nicht. Weg also mit den Negativbildern des Älterwerdens, aber auch die Kirche im Dorf lassen und das Altern differenziert betrachten! Ein Lob auf die Vielschichtigkeit des heutigen Alterns? Nein, des Lebens, denn Altern ist ein gewichtiges Element desselben.

Bei alledem kommt nun meine Disziplin, die Psychologie, ins Spiel. Denn nicht zuletzt neueste psychologische Befunde legen nahe, dass sich unser Verständnis vom Altern in Zukunft gravierend verändern wird. Das liegt nicht zuletzt auch daran, dass wir nunmehr über umfassende wissenschaftliche Erkenntnisse verfügen, die auf Längsschnittstudien (damit sind sich wiederholende Untersuchungen an denselben Menschen gemeint) mit sehr langen Beobachtungszeiträumen beruhen – diese sind für das Verständnis von Prozessen des Älterwerdens unabdingbar. Sie wurden lange gefordert und sind nun in einem wissenschaftshistorisch beispiellosen Ausmaß verfügbar.

So liegen etwa erst seit Kurzem Ergebnisse vor, die unterstreichen, wie wichtig unsere eigenen Bewertungen des Älterwerdens für den Verlauf des Alterns und sogar für die Länge des Lebens sind. Der banale Satz »Ich bin so alt, wie ich mich fühle« hat es inzwischen in die Königsklasse wissenschaftlicher Evidenz geschafft. Auch wird zunehmend deutlich: Die Chancen des jungen Alters, also etwa zwischen dem 60. und dem 80. Lebensjahr, müssen heute im Sinne einer qualitativ völlig neuen Lebensphase gedeutet werden. Doch auch das »alte Alter« jenseits etwa des 80. Lebensjahrs ist lang geworden – und dauert heute nochmals etwa fünf bis zehn Jahre. Gerade die psychischen Herausforderungen des sehr hohen Alters verlangen völlig neue Bewältigungskompetenzen. Doch darauf sind wir noch schlecht vorbereitet.

Auch zeigen neueste Befunde, dass unser spätes Leben zunehmend vom Ende her zu verstehen ist: Die verbliebene Distanz zum Tod scheint vielfach Unterschiede zwischen alten Menschen, etwa im Hinblick auf ihre kognitive Leistung, ihr Wohlbefinden und ihre Depressivität, besser erklären zu können als die vergangene Zeit seit der Geburt, also unser chronologisches Alter. Man könnte auch sagen: Mit diesen neuen Befunden der Alternspsychologie verstehen wir besser, wie stark der bevorstehende Tod zunehmend in unser spätes Leben eindringt.

Insgesamt führt uns eine, wie ich sie in diesem Buch nenne, neue Psychologie des Alterns (oder: Neue Alternspsychologie, abgekürzt NAPs), zu einem völlig neuen und oftmals überraschenden Bild unserer längsten Lebensphase. Folgt man nämlich weithin akzeptierten Lebenslaufeinteilungen, so ist die Kindheit die Phase etwa zwischen 0 und 12 Jahren, die Jugendphase wird heute häufig bis 20/25 Jahre, bisweilen sogar bis Ende 20 angesetzt, das junge Erwachsenenalter dann zwischen 25 und 40/45 Jahren und das mittlere Alter zwischen 45 und 60/65 Jahren. Keine dieser Phasen ist also länger als 20 Jahre – ganz im Gegensatz zur späten Lebensphase: Sind wir erst einmal 60 Jahre alt geworden, haben wir im Mittel heute noch deutlich über 20 Jahre vor uns.

Die faszinierenden Erkenntnisse der NAPs werden bislang vor allem auf wissenschaftlichen Kongressen und in oftmals an ein Fachpublikum gerichteten Publikationen beschrieben und diskutiert – in der Öffentlichkeit sind sie noch weitgehend unbekannt. Das muss sich ändern, denn eine möglichst gute Informiertheit über den letzten Abschnitt unseres Lebens geht uns nicht nur alle an, sondern ist essenziell für ein autonomes und reflektiertes Leben bis zum Ende.

1 Was Älterwerden heute bedeutet – und was uns die neue Psychologie des Alterns darüber sagen kann

Die Erfolgsgeschichte des heutigen Alterns: unglaublich, aber wahr

Das Älterwerden als Erfolgsgeschichte? Das mag zunächst einmal sehr nach Wunschdenken und Schönreden klingen, aber es ist weder das eine noch das andere.

Altern begegnet uns heute in vielfacher Weise neu, wir müssen es neu denken, ob wir wollen oder nicht. Alte Menschen sind allgegenwärtig – im öffentlichen Raum, in Bildungseinrichtungen wie den Universtäten, in kulturellen Veranstaltungen wie Ausstellungen, Oper, Konzerten, wenn wir unterwegs sind, etwa bei einem Wanderausflug in den Pfälzer Wald oder im Elbsandsteingebirge, im Wellness-Hotel, auf den Loipen im Winter, in vielen Bereichen des Freiwilligenengagements und so weiter. Mobil sein, interessiert sein, kompetent sein, neugierig sein, funktionstüchtig sein, selbstbewusst sein, engagiert sein, auch materiell relativ gut ausgestattet sein – das sind einige der Kerneigenschaften, die das heutige Alter über weite Strecken kennzeichnen. Sicher gibt es auch, das sei hier keinesfalls verschwiegen, eine kleinere Gruppe – etwa 15 bis 20 Prozent der Rentnerinnen und Rentner –, die diese neuen Alternspotenziale aufgrund einer sehr geringen materiellen

Ausstattung nicht so gut für sich nutzen kann. Aber insgesamt sehen wir die eben beschriebenen positiven Entwicklungen heute bei der Mehrzahl der älteren Menschen recht deutlich.

Im Vergleich zu traditionellen Vorstellungen des Älterwerdens, die immer noch in unseren Köpfen herumgeistern und in denen Altern vor allem als eine Verlustgeschichte betrachtet wird, treten nun offensichtlich viele, aber leider immer noch häufig unterschätzte Potenziale älterer Menschen zutage. Ist Altern heute am Ende gar die Lebensphase, auf die wir uns alle am meisten freuen dürfen? Altern »on the sunny side of the street«, wie es in einem alten Jazzstandard heißt? Das käme fast einer Revolution gleich. Wird es also immer besser – und nicht schlechter –, je älter wir werden?

Dieser Gedanke ist gar nicht so neu, wenn wir an einige der in der Psychologie diskutierten Modelle lebenslanger Entwicklung denken. So hatte Erik H. Erikson schon 1950 angenommen, dass wir durch das gesamte Leben hinweg bestimmte Krisen zu bewältigen haben und gerade die Krisen spät im Leben uns zu einer Abrundung unseres gesamten Lebens führen: Es kann, so Erikson, auch im Alter schiefgehen mit der Bewältigung der anstehenden Entwicklungsaufgaben, aber meistens geht es gut – und bringt uns spät im Leben nochmals zu neuen Erfahrungs- und Erlebensufern.

Sind solche optimistischen, oftmals als idealistisch und damit eher als unrealistisch angesehenen Modelle lebenslanger Entwicklung aus den 1950er-Jahren (schon damals wurde übrigens auch der Begriff des »erfolgreichen Alterns« geprägt) heute ganz banale Lebenswirklichkeit geworden?

Wichtige Indikatoren dafür, dass das Altern immer facettenreicher und bunter geworden ist und die Kultur unseres Landes zunehmend bereichert, sind populärwissenschaftliche Bücher zum Altern in all seinen Variationen sowie die Tatsache, dass das Thema in allen kulturellen Genres an Bedeutung gewinnt: Prominente nehmen dazu Stellung (z.B. Joachim Fuchsberger: *Altern ist nichts für Feiglinge*, 2011), Schriftsteller widmen sich dem Thema (z.B. Arno Geiger: *Der alte König in seinem Exil*, 2011) ebenso wie Kinofilme (siehe etwa den großen Erfolg von »Honig im Kopf« zum Thema Demenz oder, schon etwas älter, zu Sexualität im Alter und Partnerschaft in »Wolke 9«). Sehr beeindruckend ist auch Iris Radischs Buch *Die letzten Dinge* (2015), in dem die Autorin mit einer Vielzahl von alten und sehr alten Personen aus unterschiedlichen künstlerischen Bereichen »Lebensendgespräche« führt. Viele der dort zu findenden Themen, der Fragen an das Älterwerden, tauchen auch in diesem Buch wieder auf, wenngleich gesehen durch die Brille der NAPs. Das Altern findet in der öffentlichen Diskussion so viel Aufmerksamkeit wie noch nie.

Auch scheinen die Älteren selbst heute zunehmend ein neues Konzept ihres Älterwerdens und Alt-Seins zu haben. Oder anders formuliert: Sie haben schon längst einen neuen »Mindset« des Älterwerdens ausgebildet: Ich weiß heute als alter Mensch, was ich will, kann und brauche – und hole es mir!

Wir haben eine lange und sichere Lebenserwartung. Man wagt es kaum noch zu sagen, aber eigentlich ist es immer noch eine fast revolutionäre Botschaft: Menschen werden in historisch relativ kurzer Zeit immer älter bzw. leben immer länger. Die beiden Forscher Jim Oeppen und James

W. Vaupel (2002) haben in einer bis heute viel zitierten Arbeit in der Zeitschrift Science gezeigt, dass der Anstieg der Lebenserwartung bei Geburt seit der ersten Hälfte des 19. Jahrhunderts bis heute linear immer weiter ansteigt. In Deutschland liegt die Lebenserwartung bei Geburt für Männer derzeit bei rund 79 Jahren, für Frauen bei rund 83 Jahren. Und es geht weiter. Menschen in Deutschland leben heute gegenüber den um 1975–1980 Lebenden fast zehn Jahre länger; selbst in diesem relativ kurzen Zeitraum von etwa 40 Jahren hat sich die Lebensspanne in Deutschland also um deutlich mehr als zehn Prozent verlängert. Das ist für ein so komplexes System wie den Menschen gewaltig! Und wir gewinnen pro Jahr etwa weitere drei Monate an Lebenserwartung hinzu; die heute neu geborenen Mädchen werden aller Voraussicht nach zu etwa 50 Prozent die Latte 100 Jahre reißen; bei den Jungen liegt die Zahl auch nicht viel niedriger (Männer haben bekanntlich eine um drei bis vier Jahre geringere Lebenserwartung als Frauen).

Wir haben heute also eine relativ sichere und hohe Lebenserwartung, die zudem immer weiter ansteigt. Ist dies nicht etwas Großartiges für uns selbst – und für unsere Kinder und Kindeskinder? Der alte Menschheitstraum, das Leben bedeutsam zu verlängern, ist innerhalb von 150 Jahren Wirklichkeit geworden. Natürlich kann alles immer wieder ganz anders werden, durch den Klimawandel, Umweltkatastrophen und Dinge, an die wir gar nicht denken mögen, wie Kriege oder Terroranschläge. Aber wenn wir einmal von solchen Extremszenarien absehen: Wir leben bereits heute etwa ein Viertel unseres Lebens in der nachberuflichen Phase, und dies wird wohl auch in den nächsten 20 bis 30 Jahren so bleiben, wenn zwar wahrscheinlich das Renteneintrittsalter weiter nach hinten rückt, wir aber eben auch immer älter werden.

Alte Menschen sind überaus verschieden. Wir sehen heute unendlich viele Formen des Älterwerdens, viele davon so ausgestaltet, dass sie gar nicht mehr mit »Alter« assoziiert sind. Sie spiegeln vielmehr vielfältige Bedürfnisse spät im Leben wider: Zeit, eine unserer größten und begrenztesten Ressourcen, so wie nie genießen, Freiräume auskosten, noch einmal völlig neue Lebenserfahrungen machen (z.B. Reisen, Bildung, neue Partner, ehrenamtliches Engagement im Ausland). Das Alter ist eine eigene Entwicklungsphase mit neuen Möglichkeiten und Chancen geworden.

Man könnte auch sagen: Das heutige Altern, die heutigen Älteren haben nichts, aber auch gar nichts mehr mit früherem Alter bzw. den früheren älteren Menschen zu tun. In unserer sich stark verändernden demografischen Welt sind völlig neue und vielschichtige Gestalten des Älterwerdens entstanden. Wir erleben in Bezug auf die Altersphase des menschlichen Lebens gegenwärtig eine Art Verflüssigung einer lange Zeit festen Form, eben des traditionellen, vor allem an »Abbauideen« ausgerichteten Altersbildes. Diese Sichtweisen auf das Altern stehen nicht nur auf dem Prüfstand, sie scheinen über den Haufen geworfen zu werden: Altern ist nicht nur kognitiver Abbau, nicht nur sozialer Rückzug, nicht nur Warten auf den Tod.

Nicht vergessen werden sollte bei alledem, dass sich die Diversität und Vielfalt unserer Gesellschaft immer deutlicher auch bei den Älteren widerspiegelt: Schwule und Lesben, Singles, Menschen mit Migrationshintergrund, Menschen mit Behinderungen, sie alle sind heute in starkem Maße auch bei den Älteren vertreten, machen das

Alter farbiger. Die Älteren sind schon heute die heterogenste Bevölkerungsgruppe – und sie werden in Zukunft vermutlich noch unterschiedlicher. »Die Alten« sind passé, wenn es sie denn je gab!

Menschen altern gesünder und »jünger« als jemals zuvor. Kürzlich erzählte mir ein schon älterer und sehr erfahrener Arzt für Allgemeinmedizin: Die heute in meine Praxis kommenden 70-Jährigen sehen etwa zehn Jahre jünger aus als jene von vor 20 Jahren. Das heutige Alter sieht im wahrsten Sinne anders aus, und zwar, so paradox es klingt, vor allem jünger. Es geht hier um sogenannte Kohorteneffekte. Dies sind beobachtbare Unterschiede zwischen älteren Menschen unterschiedlicher Jahrgänge, etwa ein Vergleich zwischen heute 80-Jährigen und Menschen, die vor 20 Jahren 80 Jahre alt waren.

Wir erleben also auf allen Stufen des höheren Lebensalters gewaltige Verbesserungen (Böhm et al., 2009). 70-Jährige, aber auch 90-Jährige sind heute z. B. insgesamt wesentlicher gesünder im Vergleich zu ihren Altersgenossen von vor 20 Jahren. Dies zeigt sich deutlich auch im Bereich der sogenannten funktionalen Gesundheit, d. h. der vorhandenen Fähigkeit, die alltäglich notwendigen Aktivitäten wie Selbstpflege, Hausputz, Kochen, Medikamenteneinnahme, Nutzung des öffentlichen Nahverkehrs oder Einkaufen selbstständig ausführen zu können. Nach Auswertungen des Sozio-Ökonomischen Panels zeigen sich solche Verbesserungen vor allem bei sogenannten »jungen alten« Menschen zwischen 60 und 79 Jahren. Bei den 60–69-Jährigen hat sich beispielsweise der Anteil jener, die sagen, dass ihr Gesundheitszustand sie in ihrem Alltag behindere, von etwa 30 Prozent im Jahr 1984 auf ca. 15 Prozent im Jahr

2001 halbiert; bei den 70–79-Jährigen ist der Anteil im selben Zeitraum von etwas über 30 Prozent auf knapp über 20 Prozent zurückgegangen.

Auch im Bereich der kognitiv-geistigen Gesundheit tut sich über die Kohorten hinweg Gutes: In einer in der Medizinzeitschrift The Lancet publizierten Studie haben beispielsweise Christensen und Kollegen (2013) anhand von dänischen Stichproben zeigen können, dass sich sogar bei heute über 90-Jährigen im Vergleich zu über 90-Jährigen, die nur zehn Jahre früher untersucht wurden, die geistige Leistungsfähigkeit deutlich verbessert hat.

Ältere »bereichern« heute unsere Marktwirtschaft sehr direkt. Ältere treten zudem immer häufiger als aktive und kritische Konsumenten auf. In den Bereichen Gesundheit, Pflege, Reisen und Wohnen entstehen durch die große Gruppe der Älteren ganz neue Marktpotenziale und letztlich auch Arbeitsplätze. Gesprochen wird hier auch von der sogenannten »Seniorenwirtschaft«, aber dieses Wort wird vermutlich schon bald der Vergangenheit angehören. Hier liegen neue Chancen für »fortgeschrittene Erwachsene«, die sich als alles, nur nicht als alte Menschen betrachten und auch nicht als »Alte« angesprochen werden wollen. Ältere leisten zudem durch ehrenamtliches Engagement in den unterschiedlichsten Bereichen Erhebliches, jüngst etwa in der »Flüchtlingskrise«. In der Gruppe der Älteren ist der Anteil jener, die sich freiwillig und damit ohne Entlohnungserwartung engagieren, seit 1999 am deutlichsten angestiegen. Heute sind es über 30 Prozent der über 65-Jährigen! Mit anderen Worten: Ältere sind zu einem Marktfaktor geworden; ihr großer Einsatz spart unserer Gesellschaft einige Milliarden an Euro, die anfallen würden, wenn all diese Unterstützungsformen durch Professionelle erbracht würden.

Ältere bereichern unsere Kultur insgesamt. Ältere Menschen sind heute überall und auf ganz unterschiedliche Weise in unserer Gesellschaft präsent. Sie sind, wie gerade erwähnt, in starkem Maße in der Freiwilligenarbeit anzutreffen und tragen damit zu einer Hilfe- und Sorgekultur bei; sie greifen beispielsweise in vielen Migrationsprojekten tatkräftig mit an (vieles würde ohne sie zusammenbrechen) oder sie sind als Experten auch im »Ruhestand« weltweit unterwegs, um mitzuhelfen beim Brücken- oder Brunnenbau oder einfach nur als Bäcker oder Koch. Sie sind in der Hausaufgabenbetreuung oder der Bahnhofsmission aktiv. Sie gehören gleichzeitig aber auch zu den großen Genießern unseres Landes, etwa wenn es um Wellness, gutes Essen, Konzerte, Museen und qualitätsvolles Reisen geht. Sie haben, das sollten wir hoch gewichten, die Zeit für solche Aktivitäten und auch in ihrer überwiegenden Zahl die nötigen finanziellen Mittel dazu. Ältere sind hunderttausendfach als Großeltern ganz praktisch engagiert; ohne sie wären vielfach berufliche Karrieren in Familien gar nicht möglich. Die Großelternrolle genießen und auskosten, aber auch sehr handfest die nachfolgende Generation unterstützen – wann im Leben gehen solche Dinge besser zusammen als im höheren Lebensalter? Ältere übernehmen also zunehmend Verantwortung für unsere Gesellschaft. Und sie können dies aufgrund hoher kognitiv-körperlicher Leistungsfähigkeit und positiver Einstellungen zum Älterwerden heute auch so gut wie noch nie. Im Bereich der Pflege gilt zudem: Es sind vor allem die jüngeren Älteren, die heute die hochaltrigen Pflegebedürftigen pflegen. Die ehemals dramatisch beschriebene »Sandwich-Generation«, aufgerieben zwischen Ansprüchen der Kinder und den Pflegeerwartungen der Eltern, stirbt aus; die Älteren richten es zunehmend selbst!

Ich kann mir daneben viele weitere Möglichkeiten vorstellen, wie Ältere unsere Kultur voranbringen können. So wird beispielsweise viel von Entschleunigung gesprochen und die Wendung von der »Entdeckung der Langsamkeit« ist in unseren Alltagssprachschatz eingegangen. Wer kann das am besten? Die Älteren natürlich. Alter ist eine »Zeit des Zeithabens«, könnte man sagen, Ältere verstehen am besten, was es bedeutet, Zeit sinnvoll zu nutzen, und das hat wahrscheinlich etwas mit der reduzierten Zukunftsperspektive des höheren Lebensalters zu tun. Wenn man nicht mehr so »unendlich« viel Zeit im Leben hat, dann achtet man sehr darauf, die verbleibende Zeit so gut wie möglich zu nutzen.

Neueste wissenschaftliche Befunde zur Zeiterfahrung spät im Leben sagen uns genau das: Ältere erleben häufig, dass die Zeit schneller als früher im Leben vergeht, aber das scheint letztlich nichts Schlechtes zu sein. Es ist eher ein Ausdruck von gutem und bewusstem Leben und der aktiven Gestaltung von Zeit – wenn möglich mit jenen Menschen, die einem besonders viel bedeuten (und nicht mit jenen, die uns nerven und ungute Gefühle auslösen), und mit Aktivitäten, die einen unmittelbar positiven Wert besitzen (und nicht mit solchen, die einen »stressen« und letztlich nicht befriedigen). Wir sollten uns alle eine Scheibe von diesem Können der Älteren abschneiden. Es könnte Fehlentwicklungen in unserer Gesellschaft, wie z. B. die weitverbreitete Unfähigkeit, den Beruf im Alltag auch einmal hinter sich zu lassen, und die nicht ungefährliche und risikoreiche Sucht nach engen Zeittakten in allen Lebensbereichen, korrigieren helfen. Das funktioniert freilich nur, wenn wir alle offen für dieses Können und Wissen der Älteren sind und es nicht einfach als »schönes Rentnerleben« abtun. Die Älteren als wichtige Gesellschaftsmodelle heute und erst recht morgen? Aber ja.

Ältere sind zudem, wie es in der Alternsforschung genannt wurde, die »keepers of the meaning« (also Träger von Wissen und Bedeutungen), sie wissen alles über das Leben und können es weitergeben. Sie sind zudem lebende Zeitzeugen und oftmals sehr ausgewogen in ihren Urteilen. In Betrieben sind die älteren Arbeitnehmer und Arbeitnehmerinnen häufig die sozial Kompetenten, in Konfliktlösungen Erfahrenen, die den Ausgleich Suchenden – von ihrer beruflichen Expertise und Erfahrung ganz zu schweigen. Ältere Arbeitnehmer sind also keine Bedrohung, sondern eine Bereicherung für jede Unternehmenskultur.

Die Wissenschaft vom Altern ist heute so gut aufgestellt wie noch nie. Wir sollten nun nicht erwarten, dass die Wissenschaft vom Altern (die Gerontologie; die NAPs ist gleichzeitig ein Teilbereich der Psychologie und der Gerontologie) alles und jedes am Älterwerden verändern oder gar verbessern wird. Aber es ist doch ein Riesenschritt in der Wissenschaftsentwicklung unseres Landes und weltweit, dass es heute eine beachtliche Zahl an Professuren, universitären und außeruniversitären Arbeitsgruppen, eine kaum noch überschaubare Menge an Forschungsprojekten und mitgliederstarke wissenschaftliche Gesellschaften gibt, die alle eines wollen: menschliches Altern aus den unterschiedlichen Blickwinkeln der Medizin, Biologie, Psychologie, Soziologie sowie weiterer Disziplinen besser zu verstehen, um daraus Erkenntnisse abzuleiten, die Älteren in unterschiedlichster Weise helfen können.

Beispiel: Wenn wir heute anhand von wissenschaftlichen Ergebnissen aus Längsschnittdaten, also Langzeituntersuchungen an denselben Personen, wissen, dass sich ein gewisses Maß an körperlicher Bewegung bereits früh im Leben im Alter in wahrsten Sinne »auszahlt«, nämlich in längerer geistiger und körperlicher Fitness und damit auch geringeren Pflegekosten, dann ergeben sich hier aufgrund, wie man sagt, »robuster« wissenschaftlicher Evidenz unmittelbar Handlungsmöglichkeiten für jeden Einzelnen von uns. Wir können damit in gewissen Grenzen zum Schmied unseres eigenen Alterns werden. Ob wir dieses Eisen dann schmieden wollen oder können, ist eine ganz andere Frage. Das hängt unter anderem von unserer Persönlichkeit, unserem Glauben daran, dass wir tatsächlich langfristig in unserem Leben etwas bewirken können, aber auch von den sozialen Gegebenheiten, in denen wir leben, und von unserer Bildung ab.

Altwerden heute hat also viel zu bieten und sogar die wissenschaftliche Landschaft befruchtet und bereichert. Doch vieles am heutigen Altern ist uns noch unvertraut. Der Blick zurück auf unsere eigenen Eltern hilft da kaum: Wir altern heute anders – und stehen dabei auch vor neuen Herausforderungen, auf die es noch keine allgemein akzeptierten Antworten gibt.

Herausforderungen heutigen Alterns: neu und unvertraut

Altern sei nichts für Feiglinge, schrieb Joachim Fuchsberger in seinem Buch zum Älterwerden; und er hatte damit trotz der vielen Facetten der Erfolgsstory des heutigen Älterwerdens, die eben skizziert wurden, wahrscheinlich völlig recht. Die späte Lebensphase ist naturgemäß durch das vielfältige Ineinandergreifen von Chancen und Risiken gekennzeichnet. Die lange Lebenserwartung hat das späte Leben »weit« und »aussichtsreich« gemacht. Aber immer mehr Menschen kommen auf diese Weise auch in eine hochfragile Phase der menschlichen Lebenslinie. Nicht jeder wird damit umgehen können bzw. sich schwertun und vielleicht verzagen.

Hochaltrigkeit – das schwierige Terrain des Alters. Vieles von dem, was wir eben als die Erfolgsgeschichte des Alters beschrieben haben, gilt für die »jungen Alten«. Was aber ist mit dem sehr hohen Alter? Die über 80-Jährigen sind die am stärksten wachsende Bevölkerungsgruppe mit einem aktuellen Anteil von ca. zehn Prozent an der Gesamtbevölkerung (vor 20 Jahren waren es nur drei Prozent). Das junge Alter, so könnte man vielleicht sagen, ist »leicht«, führt uns zu neuen Ufern und schenkt uns heute Entwicklungsmöglichkeiten, von denen die Älteren von vor noch nicht allzu langer Zeit nur träumen konnten. Das hohe Alter hingegen (manchmal wird auch noch von den »Hochbetagten« gesprochen) meint eher die »schwere« Seite des Älterwerdens, die vielfachen Erkrankungen und Funktionsverluste, die deutlich erhöhte Wahrscheinlichkeit von Demenz und zudem einschneidende Verluste im sozialen Bereich wie die Erfahrung einer Verwitwung. Die amerikanische Anthropologin Christine Fry hat dafür das sehr treffende Bild eines Grenzgängertums des sehr hohen Alters geprägt. Hochaltrige Menschen »wandern« heute als Grenzgänger längere Zeit (ein paar Jahre) im Übergangsfeld zwischen dem »Noch-Leben« und dem Terrain des Todes. Man könnte auch sagen: Noch nie in der Geschichte der Menschheit haben sich so viele Menschen so lange, eben als Hochaltrige, in »guter Nachbarschaft« mit dem Tod eingerichtet, ja, einrichten müssen. Denn immer mehr Menschen werden sehr alt, ob sie wollen oder nicht. Eigentlich wissen wir noch gar nicht, was eine solche Lebenssituation, historisch radikal neu, psychisch mit uns anstellt. Und ob und wie wir uns schon frühzeitig dafür wappnen sollten oder gar müssen.

Aber es ist nicht nur das sehr hohe Alter, dessen Anforderungen uns heute und in Zukunft herausfordern. Die zunehmend längere berufliche Phase verlangt von Unternehmen, von der Arbeitswelt insgesamt wie auch vom Einzelnen, sich in Bezug auf spätere Lebensphasen neu zu positionieren. Ist das Arbeiten noch spät im Leben ein notwendiges Übel einer stark alternden Gesellschaft oder eine neue Chance? Ein längeres Leben fordert uns generell in einem Maße, wie wir es traditionell nicht gewohnt sind. Komplexe Entscheidungen, etwa im Berufsbereich, sind für immer längere Zeiträume zu treffen, aber gleichzeitig wird auch immer klarer, dass langfristige berufliche Festlegungen heute eventuell nicht sehr vorteilhaft sind und stattdessen Flexibilität über sehr lange Zeiträume hinweg angesagt ist. Dabei geht es auch um die Frage: Wann konzentrieren wir welche »Lebensenergie« auf was? Das lange Leben muss auf jeden Fall gestaltet werden, fordert wahrscheinlich auch eine höhere Verantwortungsübernahme für unser Leben. Manche von uns mögen so etwas aber gar nicht und wollen die Dinge lieber »dem Staat« oder anderen, äußeren Kräften überlassen. Verantwortungsübernahme, noch dazu über eine so lange Zeit, ist anstrengend. Das könnte viele überfordern.

Die schiere Anzahl und Sichtbarkeit des Alters könnte die Ablehnung des Alters fördern. Könnte es eventuell auch sein, dass mehr ältere Menschen in öffentlichen Bereichen unserer Gesellschaft dazu führen, dass negative Altersstereotype nicht etwa abgebaut werden, sondern sogar neu entstehen? Es ist durchaus möglich, dass die verstärkte öffentliche Präsenz vieler alter Menschen auch den »Ageism«, also die Ablehnung und Diskriminierung alter Menschen, verstärkt (Martens, Goldenberg und Greenberg 2005). Dieser Gedanke gründet auf der sogenannten Terror-Management-Theorie: Alte Menschen erinnern Jüngere an Tod und körperlichen Verfall, und diese Gedanken lehnen Jüngere ab und »bearbeiten« sie durch Ablehnung der Ursache, eben der vielfach auftretenden alten Menschen. Es gibt in der Tat eine Reihe von Hinweisen dafür, dass Länder mit größeren Anteilen an Älteren weniger positive Sichtweisen auf das Älterwerden haben.

Werden wir eine Tyrannei der Älteren erleben? Übernehmen die Älteren die Macht? Immer häufiger finden wir Zeitungsbeilagen à la »50+ – Die starke Generation« (oder ähnlich) und die fast schon allgegenwärtigen Anti-Aging-Werbekampagnen. Eine der zentralen Befürchtungen geht sogar dahin, dass die Älteren qua ihrer schieren Quantität und Einflussmöglichkeiten bald komplett das Ruder übernehmen: Von der »Tyranny of America's Old« war schon 1992 in der Zeitschrift Fortune die Rede (Silverstein et al. 2000), und der in vielen Ländern, auch in Deutschland, immer wieder beschworene »Krieg der Generationen« ist noch keineswegs vom Tisch. Hier werden Ängste geschürt mit etwas, das wir uns alle, auch die Jungen, eigentlich wünschen: ein möglichst langes, am besten unendlich langes Leben. Wenn sich junge Menschen im Alter von 16 oder 18 Jahren vorstellen, dass sie mit hoher Wahrscheinlichkeit die Marke von 90 Jahren erreichen werden, dann ist dies zeitlich dermaßen fern, dass es fast schon einem Unendlich gleichkommt. Und dass dies heute Realität geworden ist, geht zwangsläufig mit mehr Älteren einher. Unser langes Leben ist eben nur mit einem immer höheren Anteil an Älteren und Hochbetagten zu haben, und insofern ist es einfach verlogen, die Segnungen des langen Lebens für sich selbst gewissermaßen selbstverständlich zu erwarten und auszukosten und gleichzeitig alte Menschen in welcher Form auch immer auszugrenzen.

Nicht selten wird auch behauptet, Altern bedrohe die Kultur und Produktivität unserer Gesellschaft. So wird beispielsweise gerne das Schreckensbild vom Niedergang unserer Arbeitsproduktivität, auf die Deutschland nach wie vor sehr stolz ist, durch die »Überalterung« der Arbeitsgesellschaft an die Wand gemalt. Allerdings wissen wir auch, dass Produktivität im Job nur wenig mit dem chronologischen Alter zu tun hat, vor allem wenn der Arbeitsplatz optimal ausgestaltet ist (z. B. Lärmschutz, Transparenz von Arbeitsabläufen, beste Ausleuchtung) und kontinuierlich hochwertige Weiterbildungen erfolgen. Auch entwickeln sich, wie bereits beschrieben, neue Generationen an älteren Menschen kognitiv, gesundheitlich und funktional immer weiter in eine positive Richtung. Diese positiven Entwicklungsprozesse kann man bei Hochaltrigen feststellen (Christensen et al. 2013), aber auch bei heute 50- oder 60-Jährigen (Böhm et al. 2009), die zu einem großen Teil noch im Arbeitsleben stehen. Würden wir wirklich ernsthaft forden, wir sollten heute so lange arbeiten, wie es von unserem allgemeinen Kompetenzstand her möglich ist, dann wäre wohl, von wenigen Berufen abgesehen, eine mittlere Berentungsgrenze von ca. 75 Jahren wissenschaftlich durchaus begründbar.

An Frauen stellt das Altern nach wie vor deutlich höhere Anforderungen. Sie sind in stärkerem Maße als Männer negativen Altersstereotypen ausgesetzt; es gibt so etwas wie einen, wie die Kulturwissenschaftlerin und Schriftstellerin Susan Sontag es einmal genannt hat, doppelten Standard des Alters: Wenn Männer z.B. weißhaarig werden, wird ihnen das im Sinne einer größeren Distinguiertheit oder Autorität eher positiv ausgelegt. Frauen hingegen nicht. Die Kombination von Frau + Alter ist, im Gegenteil, eine Art doppelte Benachteiligung. Frauen müssen zudem, so vorteilhaft ihre längere Lebenserwartung auf den ersten Blick ist, eben auch spät im Leben längere Zeit als Männer alleine verbringen. Männer hingegen haben in der Regel Frauen an ihrer Seite, wenn sie diese Welt verlassen; Frauen haben nicht selten ihren Partner längst verloren, wenn sie selbst sterben. Sie sterben viel häufiger in diesem Sinne alleine als Männer. Auch haben in viel häufigerem Umfang, als dies umgekehrt der Fall ist, Frauen ihre Partner längere Zeit gepflegt, eine oftmals als sehr wertvoll erlebte, aber gleichzeitig auch psychisch und körperlich sehr belastende Tätigkeit (siehe dazu Kapitel 3).

Damit haben wir die Erfolgsstory des heutigen Älterwerdens skizziert, aber auch gar nicht so kleine Wermutstropfen dieser Erfolgsgeschichte ausgemacht. Nun wollen wir all dies durch die Brille der neuen Psychologie des Alterns betrachten.

Die neue Psychologie des Alterns: Was sie will und was sie kann

Als ich Mitte der 1980er-Jahre in die psychologische Alternsforschung einstieg, war diese in Deutschland und international zwar schon gut entwickelt, jedoch fehlte es an allen Ecken und Enden an Daten, vor allem an Längsschnittdaten. Auch war das Bild des Älterwerdens in der wissenschaftlichen Diskussion zwar nicht durchweg negativ gefärbt, aber Altern wurde doch in starkem Maß als eine belastende und, im Unterschied zu allen anderen Lebensphasen, »ungute« Lebensperiode mit vielen Risiken und Verletzlichkeiten angesehen. Erste Studien etwa zu psychischen Erkrankungen bei Älteren über 65 Jahre zeigten, dass etwa ein Viertel unter derartigen Krankheiten litt, insbesondere an Demenz, Depressionen und Angststörungen. Weniger deutlich sah man damals, dass diese Häufigkeitsrate eigentlich nur die Situation des Erwachsenenalters fortsetzte, denn in früheren Lebensaltern war (und ist) die Rate an psychischen Erkrankungen keineswegs niedriger, mit einer Ausnahme: Demenzen treten in der Tat vor allem erst jenseits des 80. Lebensjahres auf. Zudem muss banalerweise festgestellt werden: Wenn etwa ein Viertel der

Menschen psychisch krank ist, dann sind drei Viertel, also die ganz überwiegende Mehrheit der Älteren, gesund: Psychische Gesundheit im höheren Lebensalter ist somit die Regel, nicht die Ausnahme.

Was ist der Gegenstand der Neuen Alternspsychologie? Die NAPs konzentriert sich primär auf alternsbezogene Veränderungen und Stabilitäten von Verhalten (z.B. die Gestaltung sozialer Beziehungen), Leistungen und Kompetenzen (z.B. die kognitive Leistungsfähigkeit) und Erleben (z.B. von positiver Emotionalität oder Depressivität) im höheren Lebensalter. Das Gebiet hat in den zurückliegenden 20 Jahren vielfältige Erkenntnisfortschritte zu verzeichnen, die weit über die Psychologie hinaus auch in andere Bereiche wie z.B. die Rehabilitationsforschung und die Altersmedizin ausstrahlen. Dies liegt vor allem an nun vorhandenen Längsschnittstudien, die historisch zum ersten Mal hinsichtlich verschiedener psychologischer Kerngebiete (z.B. kognitive Leistungen) sehr lange Beobachtungsreihen bis hin zu Beobachtungen fast über die gesamte Lebensspanne an denselben Personen zur Verfügung stellen. Damit wird, wie es in der NAPs heißt, die Untersuchung von intraindividuellen Veränderungen über lange Zeiträume möglich. Und noch etwas komplexer: Es wird möglich, die interindividuellen Unterschiede bei intraindividuellen Veränderungen zu untersuchen, also Unterschiede in Verläufen (z.B. der geistigen Leistungsfähigkeit) zwischen einzelnen Individuen. Zudem erlauben nicht zuletzt in der Alternspsychologie mitentwickelte innovative statistische Analysemethoden heute ein besseres Verständnis von Veränderungsdynamiken als je zuvor. Sie schöpfen vor allem vorliegende Informationen zur Entwicklung einzelner

Menschen (sogenannte intra-individuelle Veränderungen) sehr viel besser aus und mitteln nicht einfach wie frühere Verfahren erhobene Werte über die Messzeitpunkte hinweg. Aus letzterem Verfahren ergibt sich nämlich nur ein sehr unscharfes »Entwicklungsbild«, da Unterschiede zwischen Personen in deren intra-individuellen Veränderungen über die Zeit hinweg nicht berücksichtigt werden.

Beispiel: Wir haben in einer unserer Studien den Verlauf der psychischen Anpassung von älteren Menschen an eine erfahrene Sehbehinderung, eine sogenannte altersabhängige Makuladegeneration (AMD), mit einem statistischen Verfahren abgebildet, das auch sogenannte nicht-lineare Veränderungen, also nicht geradlinige Verläufe im Umgang der einzelnen Betroffenen mit ihrer Sehbehinderung, erfasst. Was zeigte sich dabei? Wie zu erwarten, ging kurz nach der Diagnosestellung das Erleben positiver Gefühle in den Keller, doch hatten sich die von uns Untersuchten nach etwa zwei Jahren weitgehend an die Erkrankung gewöhnt und erlebten auch wieder mehr positive Gefühle. Nach noch längeren Zeiträumen kam es aber leider wieder zu einer Abnahme des positiven Erlebens, weil wahrscheinlich weitere Erkrankungen hinzugekommen waren, d.h. die Betroffenen waren eben auch wieder ein gutes Stück älter geworden. Eine solch differenzierte Abbildung eines Aufs und Abs wäre mit den früher üblichen statistischen Verfahren nicht so gut möglich gewesen.

So ist in der NAPs ein neues Bild des Alterns entstanden, das vielfältige positive Entwicklungen der Humanalterung mit robusten Daten und hochwertigen statistischen Auswertungsverfahren belegt, das aber auch neue Risiken des heutigen langen Lebens und »langen Älterwerdens« aufzeigt. Was sind solche Risiken? Ein zentraler Gedanke dieses Buches lautet: Wir gewinnen immer mehr an

Lebensjahren, werden dafür aber im Vorfeld des immer weiter nach hinten geschobenen Todes immer fragiler – körperlich, aber auch psychisch. Mit anderen Worten: Das Bestreben, unser Leben qualitätsvoll, in einem guten Sinn erlebnisreich, relativ unabhängig und selbstgesteuert und nicht zu stark von biologischen Verlusten getrieben zu halten, wird immer mehr gefährdet, je länger wir leben.

Prinzipien der NAPs. Jede wissenschaftliche Beschäftigung mit dem Menschen baut auf bestimmten Prinzipien auf, die im Grunde für alle konkreten Forschungsfragen und auch methodischen Vorgehensweisen des Wissenschaftsgebietes maßgeblich sind. Nicht anders bei der NAPs. Die neun wichtigsten Prinzipien lauten:

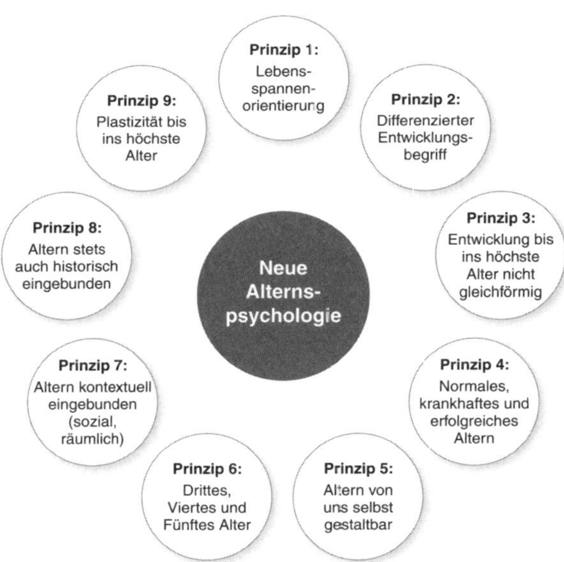

Abb. 1: Ein Reigen von neun Prinzipien der Neuen Alternspsychologie

Prinzip 1: Lebensspannenorientierung

Nach diesem Prinzip müssen zum Verstehen von Verhalten und Entwicklung im höheren Lebensalter unbedingt auch frühere Lebensphasen berücksichtigt werden. Nur eine Entwicklungsperspektive, die alle Lebensalter berücksichtigt, kann die großen Unterschiede zwischen Menschen im Verlauf des späten Lebens zufriedenstellend beschreiben und erklären. Dabei geht es auch schon um sehr frühe Einflüsse im Verlauf des Lebens, etwa in der frühen Kindheit.

Beispiel: Wir wissen heute anhand von Längsschnittdaten so genau wie noch nie, dass Intensität und Qualität der früh im Leben beginnenden Bildung und die sozio-ökonomische Situation des Elternhauses in dieser frühen Lebenszeit eines Menschen den Verlauf seines weiteren Lebens in hohem Maße bestimmen: Höhere Bildungswege führen beispielsweise zu höherwertigen Berufskarrieren. Bildung ist auch ein Schutzfaktor für die spätere Entstehung von Krankheiten bis hin zur Verringerung des Risikos, an einer Demenz zu erkranken. Materielle Sicherheit zahlt sich im Alter ferner in Gestalt einer höheren Rente aus. Schließlich leben besser gebildete Menschen, sicher auch ein Ergebnis der eben beschriebenen Faktoren, länger. Bildung prägt uns bis zum Tod!

Zum Prinzip der Lebensspannenorientierung gehört ferner die Annahme, dass keiner Phase des menschlichen Lebens irgendeine vorrangige Bedeutung zukommt. Man müsste nochmal zwanzig sein, hieß es zwar in einem Schlager der 1950er-Jahre, und auch unsere Gesellschaft (und nicht nur unsere) scheint insgesamt so zu ticken, dass Jung-Sein als wertvoller betrachtet wird als Alt-Sein.

Die NAPs lehnt eine solche Sichtweise jedoch grundsätzlich ab. Sie geht davon aus, dass jede Lebensphase ihre je eigene Gestalt hat – mit jeweils schönen Seiten, aber auch Herausforderungen bzw. Risiken. Ist nicht, so ließe sich etwa fragen, gerade auch die Kindheitsphase sehr fragil und in vielerlei Hinsicht gefährdet – gar nicht so unähnlich dem höheren Lebensalter? Denken wir nur an einen nicht geglückten Aufbau von Grundvertrauen und von Zuversicht früh im Leben. Ist nicht gerade die Jugendzeit voll von Aufbruch und fantastischen neuen Erfahrungen (z. B. Identität und Sexualität), aber auch nicht selten von Selbstmordgedanken überschattet? Werden nicht an das frühe Erwachsenenalter auch erhebliche Anforderungen gestellt? Etwa eine hochwertige Berufsausbildung zu absolvieren und sich bitte auch noch von zu Hause loszulösen, das eigene Sozialleben zu ordnen, vielleicht schon eine Familie zu gründen, einen Berufsweg einzuschlagen, sich mit dem Thema Kind (Ja oder nein? Wann ja? Wie lange nein?) auseinanderzusetzen – und mehr. So könnte man das auch noch für die anderen Lebensphasen »durchdeklinieren«. Dabei stellt man fest: Jede Phase des menschlichen Lebens kommt mit Gewinnen und Verlusten daher; das höhere Lebensalter stellt in dieser Hinsicht keine Ausnahme dar, auch wenn wohl die Verluste spät im Leben ansteigen bis zum vielleicht größten Verlust, nämlich dem Verlust des Lebens selbst.

Prinzip 2: Differenzierter Entwicklungsbegriff

Kann der traditionelle Entwicklungsbegriff, der menschliche Entwicklung vor allem in ihrer Frühphase (Kindheit, Jugend) im Blick hatte, auch für ältere Menschen hilfreich sein? Wohl kaum. Denn beim traditionellen Entwicklungsbegriff wird angenommen, dass Entwicklung stets nur etwas Aufstrebendes, Anwachsendes, Zugewinnendes, qualitativ Neues bedeutet. Dieses »nur« ist nun aber das Problem, wenn man einen solchen Entwicklungsbegriff auch auf das späte Leben anwenden möchte. Denn natürlich kann es all das Genannte auch im höheren und sogar im höchsten Lebensalter geben. Aber niemand würde bestreiten, dass es spät im Leben auch Verluste – und wohl mehr Verluste als in früheren Lebensphasen – gibt. Die NAPs benötigt also einen Entwicklungsbegriff, der beides beinhaltet, Gewinne und Verluste bzw. eben das Wechselspiel zwischen beiden. Beides gehört gewissermaßen immanent zur menschlichen Entwicklung – und zwar grundsätzlich in jeder Lebensphase.

Prinzip 3: Entwicklung verläuft bis ins höchste Alter nicht gleichförmig

Dieses Prinzip bedeutet beispielsweise, dass die Rede von »den Alten« oder von »dem Alter« in mehrfacher Hinsicht genauso falsch ist wie die Rede von »der Jugend« oder »der Kindheit«. Zum Ersten sind die Verläufe in unterschiedlichen Bereichen der menschlichen Entwicklung zwischen Menschen höchst verschieden. So ist es absolut faszinierend, dass manche von uns bis ins Alter von 90 Jahren und mehr geistig sehr leistungsfähig bleiben (man denke nur an Helmut Schmidt), während andere bereits mit 65 Jahren deutliche geistige Einbußen erfahren (warum dies so ist, darauf werden später einige Antworten gegeben).

Zum Zweiten gilt es, in vielen wichtigen Bereichen nochmals weiter zu unterscheiden: Im Bereich unserer Persönlichkeit geht es beispielsweise um Extraversion, also das mehr oder weniger ausgeprägte Bestreben nach sozialen Erfahrungen und Verträglichkeit, also das gute oder weniger gute Miteinander-Auskommen. Man spricht auch von der Multidimensionalität menschlicher Entwicklung.

Zum Dritten sieht es so aus, dass sich solch unterschiedliche Dimensionen ein- und desselben größeren Bereichs (wie z. B. Persönlichkeit) durchaus verschieden entwickeln können. So wissen wir beispielsweise aus Längsschnittstudien, dass die eben beschriebene Extraversion spät im Leben eher etwas zurückgeht, die Verträglichkeit hingegen eher zunimmt. Man spricht in diesem Zusammenhang auch von der sogenannten Multidirektionalität. Man könnte auch sagen: Ältere Menschen suchen insgesamt nicht mehr so stark wie Jüngere nach immer neuen sozialen Erfahrungen, und sie lassen sich gleichzeitig im zwischenmenschlichen Bereich (übrigens auch in der eigenen Paarbeziehung) nicht mehr so schnell durch Konflikte aus der Ruhe bringen.

Prinzip 4: Normales, krankhaftes und erfolgreiches Altern

Wie bereits mehrfach angedeutet, wird Altern »im Volksmund«, aber bisweilen auch in wissenschaftlichen Zusammenhängen noch immer häufig mit Krankheit gleichgesetzt. Das aber ist grundfalsch! Wir hatten ja bereits gesehen: Das normale und alltägliche Alter ist heute ganz überwiegend durch viele positive Seiten gekennzeichnet, einschließlich einer sehr guten psychischen Anpassung der meisten Älteren. Normales Altern, so können wir weiter sagen, meint das Erreichen der durchschnittlichen Lebensspanne (und diese ist heute wie gesehen sehr lang!) und die Erfahrung von Beeinträchtigungen lediglich durch »alterstypische« Einbußen im organisch-somatischen und psychischen Bereich. Das bedeutet nicht, dass normales Altern gleichzusetzen wäre mit Gesundheit. Altern geht natürlich mit

Funktionseinbußen unserer Sinne, unserer Bewegungsfähigkeit, unseres Denkens und unseres Gedächtnisses einher. Wer wollte dies ernsthaft bestreiten? Aber die meisten Älteren können mit diesen Einbußen ziemlich gut umgehen. Normales Altern heißt: vieles sehr gut hinbekommen, sehr einschneidende Einbußen der eigenen Lebensqualität nicht erfahren, dennoch spüren und anerkennen, dass man älter geworden ist. Es ist sicher etwas gewagt, hier eine Zahl zu nennen, denn natürlich ändern sich derartige Normalzustände auch im Zuge des Älterwerdens (siehe auch unten Prinzip 6), aber ganz grob lässt sich sagen, dass heute ca. 60 bis 70 Prozent der über 65-Jährigen einem solchen »Normal-Modus« zugeordnet werden können.

Krankhaftes Altern hingegen beginnt, wenn spezifische Krankheitssymptome (z. B. massive Herzbeschwerden, eine Krebserkrankung, eine Demenzerkrankung) einschließlich der damit verbundenen Leistungseinbußen und Funktionseinschränkungen immer mehr ins Zentrum des alltäglichen Lebens und der alltäglichen Lebensqualität treten. Damit ist in der Regel eine Verkürzung der durchschnittlich zu erwartenden Lebensdauer bei gleichzeitig eingeschränkter Lebensqualität verknüpft. Wiederum ganz grob lassen sich etwa 20 Prozent der Älteren dem »Krank-Modus« in einem solch umfassenden Sinn zuordnen.

Auf der anderen Seite des Spektrums kann gleichzeitig so etwas wie optimales Altern in den Blick genommen werden. Hier geht es um das Vorhandensein solch günstiger Voraussetzungen, dass die erreichte Lebenszeit, die physische Funktionstüchtigkeit, aber auch die subjektive Lebensqualität gegenüber dem Durchschnitt einer vergleichbaren Population deutlich erhöht sind. In der Alternsforschung hat sich diesbezüglich bereits seit den

1950er-Jahren der Begriff des »erfolgreichen Alterns« eingebürgert. Hier geht es also um das, bei optimalen Rahmenbedingungen, bestmögliche Altern, das heute erst von einer Minderheit (grob ca. 10–20 Prozent der über 65-Jährigen) erreicht wird, aber in Zukunft, wenn die Erfolgsgeschichte des Älterwerdens noch weiter voranschreitet, eventuell auch von immer mehr älteren Menschen erfahren werden kann.

Prinzip 5: Menschliche Entwicklung ist bis ins höchste Alter hinein von uns selbst mitgestaltbar

Dieses Prinzip ist nicht leicht nachzuvollziehen, und manche würden wahrscheinlich sagen, dass es verrückt ist zu behaupten, wir seien unseres Alterns Schmied. Ich behaupte es trotzdem. Eine erste zentrale Erkenntnis der NAPs lautet nämlich, dass ältere Menschen über eine regelrechte »Toolbox« dahingehend verfügen, wie sie ihr Wohlbefinden aufrechterhalten und sich gegenüber Widrigkeiten des Älterwerdens wappnen können. Ältere Menschen sind beispielsweise sehr gut in der Um- und Neubewertung von nicht mehr erreichbaren Zielen (»Reisen ist mir nicht mehr so wichtig«) – ein sehr mächtiger psychischer Mechanismus, um sich mit nicht mehr Erreichbarem zu arrangieren. Ältere Menschen sind ebenfalls gut darin, jene Dinge, Aktivitäten und vor allem Menschen auszuwählen, die ihnen guttun, und alles andere links liegen zu lassen. Außerdem gelingt ihnen das »Akzeptieren«: etwas annehmen, das nicht mehr zu ändern ist, beispielweise ein Seh- oder Hörverlust. All diese Selbstregulationsformen sind ausgesprochen hilfreich und effizient.

Zum Zweiten sind Ältere auch »Weltmeister«, wenn es um Kompensationen geht: Wenn das Duschen nicht mehr so möglich ist, wie man es früher gemacht hat, dann macht man's halt anders, auf einfachere Weise, nutzt Griffe, macht alles langsamer. Und behält auch auf diese Weise weiterhin das Gefühl und die Einschätzung, handlungsfähig zu sein und vieles unter Kontrolle zu behalten.

Drittens ist aber noch auf einen ganz anderen Sachverhalt hinzuweisen, der vor allem mit der oben beschriebenen Lebensspannenorientierung, aber auch mit heute vielfach vorliegenden Längsschnittbefunden zu tun hat: Durch Vorsorgeverhalten und vor allem durch körperliches Aktiv-Sein bereits früher im Leben können wir unser spätes Leben in nicht geringem Maße mitbeeinflussen: Frühe und regelmäßige körperliche Aktivität geht nämlich beispielsweise einher mit höherer kardio-vaskulärer Fitness, besserer kognitiver Leistungsfähigkeit und kürzeren, weniger schwerwiegenden Phasen von Pflegebedürftigkeit spät im Leben. Wir können also durchaus an der »Alternsschraube« drehen.

Prinzip 6: Menschliche Entwicklung spät im Leben bedarf weiterer Differenzierungen (Drittes, Viertes und Fünftes Alter)

Viele Versuche sind bislang unternommen worden, um die zu pauschale Rede von »den Alten« durch sinnvolle Verfeinerungen zu ersetzen. Klar ist einerseits, dass wir dies brauchen, um der großen Unterschiedlichkeit der älteren Menschen gerecht zu werden. Andererseits sollten derartige Differenzierungen aber nicht zu anspruchsvoll und komplex sein, denn sonst sind sie nicht mehr handhabbar. Die Frage ist, wie wir eine solch hilfreiche, aber nicht zu komplexe Differenzierung hinbekommen.

Nun hatten wir bereits die Unterscheidung zwischen den

»jungen« und den »alten« alten Menschen getroffen. Das lässt sich noch weiterführen. Derzeit sind die meisten Alternsforscher der Meinung, dass die damit verwandte Unterscheidung zwischen einem Dritten und Vierten Alter eine gute Möglichkeit einer solch hilfreichen Differenzierung darstellt. Das Dritte Alter, manchmal auch das »junge Alter« genannt, steht für das, was wir weiter oben als Erfolgsgeschichte des gegenwärtigen Alterns bezeichnet haben. Es handelt sich hier eher um »fortgeschrittene Erwachsene«, die sich zwar überwiegend in der nachberuflichen Phase befinden, ansonsten jedoch so weitermachen wie zuvor: intensive Gestaltung von Freizeitbedürfnissen, vielfältige Formen des Engagements, relativ wenig gesundheitliche Einschränkungen. Diese Gruppe der Älteren wird in allen möglichen Medien zunehmend intensiv umgarnt mit »Anti-Aging«- und sonstigen Lifestyle-Produkten. Das Dritte Alter zählt sich selbst eigentlich gar nicht zu den »alten Menschen«.

Im Vierten Alter beginnt nun die Welt des Älterwerdens deutlich anders auszusehen, wir treten in ein neues »Altersland« ein. Man geht davon aus, dass die ein Leben lang vorhandenen biologischen und psychischen Ressourcen zunehmend an ihre Grenzen stoßen. Gleichzeitig steigt nun die Krankheits- und Funktionsverlustrate deutlich an, und es kommt, zum ersten Mal im Leben, zu intensiven Erfahrungen von Mehrfacherkrankungen (Multimorbidität), die nur noch sehr begrenzt veränderbar sind. Die oben beschriebenen Kompensationen und Selbstregulationsmechanismen greifen weniger gut, sind aber immer noch hilfreich.

Neueste Befunde auf der Grundlage von Forschungen zum Verlauf der kognitiven Leistungsfähigkeit und zum Wohlbefinden legen nun sogar die Abgrenzung eines Fünften Alters nahe. Diese neue Sichtweise geht insbesondere davon aus, dass Veränderungen auf unterschiedlichen Ebenen (biologisch, krankheitsbezogen, psychologisch) im extrem fortgeschrittenen Zeitkorridor des individuellen Lebens nicht mehr so sehr vom chronologischen Alter (also dem Abstand von der Geburt), sondern vielmehr durch den Abstand vom Tod bestimmt sind (sogenannte Distanz-zum-Tod-Forschung). Die terminale Phase des Fünften Alters könnte in gewisser Weise sogar mit der frühkindlichen Periode verglichen werden, insofern beide Enden der Lebensspanne komplementäre Phasen der Entfaltung spezifischer Veränderungsprozesse darstellen, nämlich am Anfang Wachstum und Reifung und am Ende die Atrophie unserer biologischen und psychologischen Systeme.

Wie aber steht es mit dem chronologischen Alter dieser Gruppe: Wie alt sind diese Gruppen jeweils? Hier kommt tatsächlich ein entscheidender Punkt ins Spiel, der für dieses Buch generell von größter Bedeutung ist: Seien wir alle, auch wir Wissenschaftler, vorsichtig mit der Nutzung des kalendarischen Alters! Denn was sagt es uns wirklich? Es zeigt an, wie viel Zeit seit der Empfängnis bzw. der Geburt vergangen ist, aber diese Aussage ist relativ inhaltsleer. Vielmehr geht es darum, die »hinter« dieser objektiven Zeitdimension liegenden Alternsprozesse besser zu verstehen. Und wer sagt uns, wie eng diese mit der objektiv ablaufenden Zeit verbunden sind? Man könnte auch sagen: Warum sollte sich etwa die »Biologie des Vergehens« (und sterben müssen wir ja alle, das ist sicher) an die von uns Menschen geschaffenen Uhren und Kalender halten?

Das chronologische Alter ist also eine verführerisch einfach zu messende Variable, die wir nicht mit der Genauigkeit unseres Wissens über Alterungsvorgänge verwechseln dürfen. Dennoch lässt sich sagen: Das Dritte Alter liegt im Bereich 65 bis 80 Jahre, das Vierte im Bereich 80+ Jahre, und das Fünfte Alter meint die letzten Jahre vor dem Tod und ist sicher eng verschränkt mit dem Vierten Alter. Aber das sind allenfalls Annäherungen und letztlich zu pauschale Angaben, eher vergleichbar den Weltmeerkarten zu Zeiten Magellans in der ersten Hälfte des 16. Jahrhunderts (die durchaus bis zu einem gewissen Grad brauchbar waren) und weniger den heutigen Karten samt GPS-Orientierung und dem stets vorhandenen Wissen, wo wir uns gerade genau befinden. Davon ist die Alternsforschung mit ihrer Kartierung noch weit entfernt.

Prinzip 7: Individuelle Entwicklung ist zu jedem Zeitpunkt, also auch im höheren Lebensalter, in soziale und räumlich-dinglich-technische Kontexte eingebunden

Altern ist keine Inselsituation. Ältere Menschen sind stets in soziale, aber auch in räumlich-dingliche und zunehmend auch technologische Umwelten eingebunden. Zu Ersteren zählt die gesamte Bandbreite sozialer Interaktionspartner, Menschen, die einem sehr viel bedeuten, aber bisweilen auch professionelle Pflegepersonen. Zu Letzteren zählen zum Beispiel die Wohnung und die Besonderheiten des Stadtteils, in dem man wohnt. An der angestammten Wohnung etwa hängt sehr viel »Ortsidentität« und so etwas wie Heimatgefühl: Hier gehöre ich hin. Hier will ich bleiben. Hier gehe ich nur mit den Füßen nach vorn wieder heraus. Dennoch siedeln ca. 20 Prozent der über 80-Jährigen und ca. 40 Prozent der über 90-Jährigen noch einmal in ein Pflegeheim um. Das sollten wir nicht nur negativ sehen. Der neue »Kontext« des Pflegeheims kann für alte Menschen in bestimmten Lebenssituationen der völlig richtige und »gute« sein, weil er Sicherheit, (hoffentlich) eine gute Pflegequalität und (hoffentlich) auch neue Anregungen bietet – und überforderte Angehörige ein Stück weit entlastet – was auch wieder neue Chancen für die Beziehung zu den Angehörigen eröffnet. Dennoch sieht das Leben im neuen Kontext Pflegeheim natürlich deutlich anders aus als vorher. So ist beispielsweise deutlich mehr reguliert (feste Essenszeiten, festgelegte gemeinsame Ausflüge).

Man kann den wichtigen Aspekt der Kontextualität des Älterwerdens aber auch noch durch eine kleine Kritik der Zunft der Alternsforscher ergänzen: Wieso werden in Studien eigentlich meist Ältere »singulär« untersucht? Das heißt, nur dieser eine Mensch steht losgelöst von der ihn umgebenden Welt im Mittelpunkt, von seinen Aussagen ausgehend wird analysiert und bewertet. Dadurch, dass die Alternsforschung hier eine systematische »Dekontextualisierung« des Alterns betreibt, entgeht uns Forschern ein gutes Stück der Alltagswelt der älteren Menschen: so, wie sie wirklich leben, mit ihren Lieben, in ihren Wohnungen und Nachbarschaften.

Beispiel: Wenn wir in einer Studie einen älteren Mann aus seiner Paarbeziehung »herausziehen« und in unserem Labor einem kognitiven Test unterziehen, wissen wir ohne Zweifel etwas über seine geistige Leistungsfähigkeit. Wir wissen aber auch so genau wie nie zuvor, dass wir kognitive Leistungen im alltagsweltlichen Kontext sehen müssen. So gibt es heute z.B. sehr spannende Befunde aus sehr alltagsnahen Studien mit sehr dichten Mehrfachmessungen, die detailliert aufzeigen, wie alternde Ehepaare durch gegenseitige Stimulation und Kompensation ihre intellektuelle Leistungsfähigkeit interaktiv aufrechterhalten – oder auch durch gegenseitige Nicht-Anregung schneller verlieren. Laborstudien haben demgegenüber hier vor allem Abbauprozesse des Alterns dokumentiert, wahrscheinlich deshalb, weil ältere Menschen im Labor all ihrer Kontextbedingungen beraubt werden, die eigentlich im Alltag gut funktionieren.

Prinzip 8: Individuelle Entwicklung ist zu jedem Zeitpunkt, also auch im höheren Lebensalter, in gesellschaftlich-historische Zusammenhänge eingebettet

Denken wir nur einmal an das Älterwerden in den 1950er-Jahren in Deutschland: Den Älteren waren die Erfahrungen des Zweiten Weltkriegs und zu einem bedeutsamen Teil sogar die Erfahrungen des Ersten Weltkriegs noch sehr präsent: Tod, Vertreibung, Bombardierung von Städten, teilweise selbst noch an der Front, Frauen haben vielfach Männer und Söhne verloren. Dazu ein Altersbild, das diese Lebensphase stark im Sinne eines »disengagement« sah – die Alten sollten sich zurückziehen und zurückhalten. Sie waren allerdings als Großeltern bereits damals hoch geschätzt, und sie spielten nicht selten eine sehr wichtige Rolle in den durch Kriegs- und Nachkriegsfolgen (z. B. »verstörte«, nicht selten depressive, alkoholkranke Männer) gezeichneten Familien. Als gesellschaftlich bedeutsame soziale Gruppe (»Senioren«) haben sie sich nicht erlebt. Das Wort Senioren gab es noch gar nicht, es kam erst in den 1980er-Jahren auf.

Im Gegensatz dazu steht das heutige Älterwerden: »Wir sind die guten Grauen«, das könnten die heutigen Älteren vielleicht sagen. »Wir haben durchaus viele wichtige Rollen.« Altern ist nicht mehr »rollenlos«, wie zu früherer Zeit behauptet werden konnte. Sie könnten weiter sagen: Wir wollen gut leben, Neues erfahren, nochmals Dinge ausprobieren, uns engagieren (auch politisch), nicht unbedingt alle Besitztümer den Kindern vererben, sondern sie auch selbst »verleben«. Hinzu kommen die weiteren Elemente der beschriebenen Erfolgsgeschichte des heutigen Alterns, vor allem der historisch noch nie so ausgeprägte gesundheitliche und geistige Leistungszustand. Dieser ist zugleich wieder in historische Zusammenhänge eingebunden.

Beispiel: So ist bei der Bewertung der kognitiven Leistung einer heute 90-jährigen Frau wichtig, dass diese wahrscheinlich früh im Leben nur eine begrenzte schulische und berufliche Ausbildung erfahren hat. Dieser Sachverhalt hat ihre sogenannte kognitive Reserve über die weitere Lebensspanne hinweg deutlich begrenzt. In zukünftigen Generationen von immer besser ausgebildeten Frauen mit immer anspruchsvolleren Berufswegen sollte dies zunehmend positiver aussehen, d.h. vor allem die älteren Frauen der Zukunft werden von diesen Entwicklungen profitieren.

Es geht also bei den historisch-gesellschaftlichen Rahmenbedingungen des Älterwerdens immer auch um Altersbilder und sogenannte Altersstereotype, d.h. um vereinfachte und leider oft negativ getönte Sichtweisen von und Erwartungen an ältere(n) Menschen. Dass diese auch ziemlich unangenehme Wirkungen zeigen, darum wird es im nächsten Kapitel gehen.

Prinzip 9: Menschliche Entwicklung ist bis ins höchste Alter hinein veränderbar (Plastizität)
Das neunte und letzte Prinzip geht von der Frage aus: Gibt es eine Phase im Leben, in der das menschliche System nicht mehr plastisch ist? Das bedeutet: Es kann nicht mehr lernen und hat keine Funktionsreserven mehr zur Verfügung, die genutzt werden können, und zwar auf neuronaler wie auch auf Verhaltensebene. Die Antwort auf diese Frage lautet nach dem heutigen Forschungsstand ganz eindeutig: nein. Selbst im sehr hohen Alter arbeitet beispielsweise noch die sogenannte Neurogenese, d. h. es können im Gehirn neue synaptische Verbindungen entstehen bzw. bestimmte Areale des Gehirns können die Funktionen von anderen, nun weniger leistungsfähigen hirnorganischen Bereichen übernehmen. Selbstverständlich ist die Plastizität im hohen Lebensalter nicht mehr so ausgeprägt wie etwa im jungen Erwachsenenalter, in dem der Aufbau von neuem Verhalten, neuen Wissensbeständen und neuen »Skills« ein bedeutsamer, wenn nicht der bedeutsamste Aspekt ist. Es ist eben eine andere Lebensphase mit anderen Aufgaben im Kontext der gesamten Lebensspanne. Genau in dieser Lebensphase (und nicht im höheren Lebensalter) wird vieles für das weitere/spätere Leben aufgebaut; von vielem zehren wir gewissermaßen bis zum Lebensende.

Das bedeutet freilich nicht, dass spät im Leben keine Aufbauleistungen mehr möglich sind. Sie sind möglich – systematische Übung, Trainings und Interventionen zeigen es. Wenn selbst über 90-Jährige etwa durch systematisches Krafttraining danach den Rollator (Gehhilfe) für ein sicheres Gehen teilweise nicht mehr benötigen, dann kommt dies schon fast einer Revolution gleich. Man könnte aber auch sagen: Warum wird dieses Forschungs- und gleichzeitig Anwendungswissen noch so wenig genutzt? Das sind, im Sinne eines bekannten Ausspruchs des früheren Bundespräsidenten Gustav Heinemann, die Finger, die auf uns Wissenschaftler zurückweisen: Warum gelingt es uns oft nur unzureichend, Forschungsbefunde von erheblicher praktischer Bedeutung umzusetzen? Weiter unten werden wir auf diese Gretchenfrage der Alternsforschung zurückkommen.

Resümee

Das Älterwerden hat sich in den zurückliegenden 60 bis 70 Jahren massiv verändert. Ein wenig pointiert lässt sich sagen: Die heutigen Älteren haben nichts, aber auch gar nichts mehr zu tun mit jenen der 1970er-Jahre. Da ist etwas völlig Neues in der demografischen Welt unserer Gesellschaft entstanden. Auch beobachten wir zunehmend eine Art Normalisierung des Alterns. Altern ist nicht mehr etwas »Besonderes«, das wir immer erst dezidiert einführen müssen, sondern eine von mehreren Lebensphasen, die alle ihre Sonnen- und Schattenseiten, ihre Gewinn- und Verlustaspekte besitzen.

Im späten Leben kommt allerdings gewissermaßen alles zusammen, was wir vorher gelebt haben, und wie wir gesehen haben, überlagern sich mehrere Trends und historisch-gesellschaftliche Entwicklungen und führen zu einer ziemlich komplexen Melange (siehe Abbildung 2). Es ist alles andere als leicht abzuschätzen, was aus dieser Mixtur in Zukunft werden wird. Alter ist eben, wie der mit 67 Jahren früh verstorbene Paul B. Baltes, einer der renommiertesten Lebenslauf- und Alternsforscher, in einem schönen

Bonmot gesagt hat, historisch und in seiner gesellschaftlich-kulturellen Ausformung noch sehr jung.

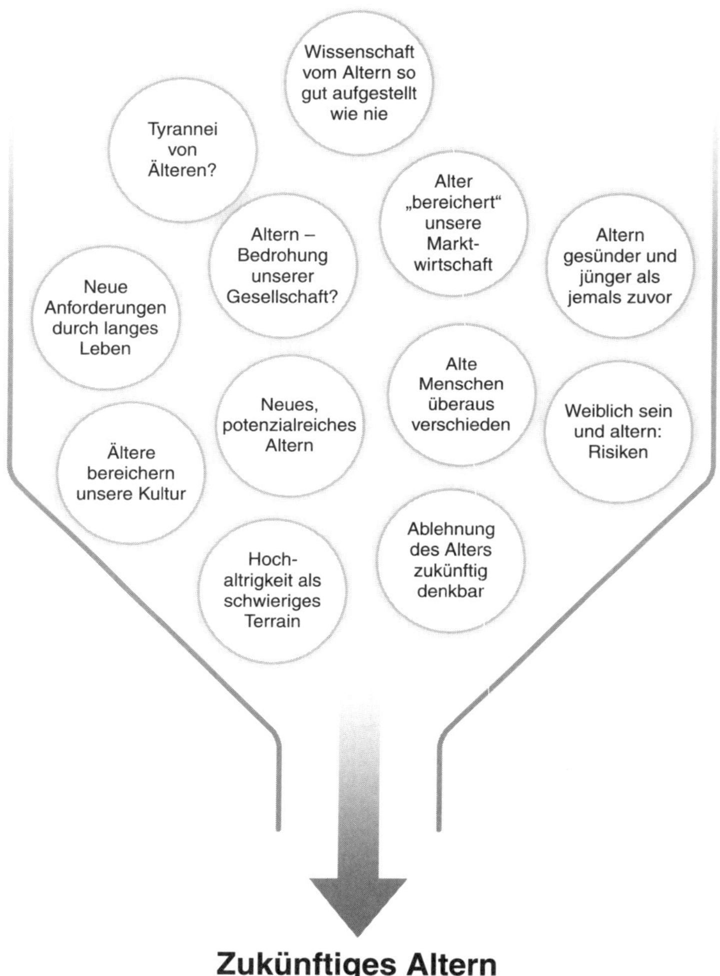

Abb. 2: Altern morgen: Eine ziemlich komplexe Melange von Alternstrends heute

Auf jeden Fall bündeln sich auf der einen Seite beim heutigen Altern positive Trends, was zu völlig neuen Ufern des Älterwerdens führt. Auf der anderen Seite sind neue Risiken und Anforderungen entstanden. Insofern drängt sich ein vielschichtiges Bild des heutigen Alterns auf: Wir erleben eine starke Bewegung hin zu einem neuen, guten, erfolgreichen Altern (Drittes Alter) und gleichzeitig eine Gegenbewegung, dies alles zunehmend infrage zu stellen (Viertes und Fünftes Alter). Wird gar am Ende alles Erreichte wieder aufgehoben? Und gehen uns die gewonnenen Jahre mit all ihren guten Seiten spät im Leben und in der Nähe des Todes wieder verloren? Die NAPs kann uns dabei helfen, diese vielschichtigen und manchmal auch widersprüchlichen Seiten heutigen Alterns und die daraus entstehende gewaltige Spannung besser zu durchdringen.

2 Altern beginnt im Kopf: Die Macht von Einstellungen und Erwartungen

Ein Gedankenexperiment: Was fällt Ihnen spontan ein, wenn Sie an den Begriff »alter Mensch« denken? Schreiben Sie doch bitte einmal die ersten drei Einfälle auf:

1. . . . .

2. . . . .

3. . . . .

War auch etwas Positives dabei? Falls ja, dann gehören Sie zu jenen Menschen, die ein eher differenziertes Altersbild besitzen. Vielleicht haben auch die bisherigen Teile dieses Buches bereits Spuren bei Ihnen hinterlassen. Die meisten Menschen jedenfalls, so weiß man aus entsprechenden Studien, orientieren sich in Bezug auf »Alter« stark an sogenannten Altersstereotypen.

Altersstereotype bezeichnen (über-)generalisierende Vorstellungen über die Gruppe älterer Menschen. Interessant ist in diesem Zusammenhang die Studie von Ng et al. (2015). Die Autoren haben anhand einer sehr großen Sprachdatenbank im nordamerikanischen Raum zeigen können, dass negative Assoziationen mit dem Begriff »alte Menschen« (und verwandten Begriffen mit Bezügen zu »Alter«) über die letzten 200 Jahre hinweg zumindest in der Sprache stetig angestiegen sind. Und Sprache spiegelt ja bekanntlich gesellschaftliche Realitäten und Sichtweisen in sehr deutlicher Weise wider. Ähnliche Analysen liegen für Deutschland nicht vor, aber auch hier dürfte die Lage nicht sehr viel anders sein. Allerdings gibt es auch Hinweise, dass sich in den letzten Jahren Altersbilder und Alterssichtweisen in Deutschland langsam verbessern (Mahne et al., 2016). Hier muss man abwarten, ob diese Trends sich weiter erhärten. In diesem Kapitel fragen wir nach der Macht von Altersstereotypen, und was sie alles anrichten können, nicht zuletzt bei den Älteren selbst. Andererseits gestalten die Älteren ihr Älterwerden wie gesehen auch durchaus selbst und interpretieren ihr Alter. Zugespitzt könnte man fragen: Steckt in der häufig von Älteren getroffenen Aussage »Ich bin so alt, wie ich mich fühle« ein Fünkchen Wahrheit oder gar ein kompletter Funken? Hermann Hesse schrieb etwa zehn Jahre vor seinem Tod im Alter von 85 Jahren: »Mit der Reife wird man immer jünger.« Mit Blick auf die aktuelle Befundlage der NAPs ließe sich behaupten: Je älter, desto jünger. Sehen wir uns diese Befundlage einmal genauer an.

Ich bin so alt, wie ich nicht bin: Warum wir unser Altern nicht mögen

Eingangs hatten wir von der Erfolgsgeschichte des heutigen Alterns gesprochen – und auch von neuen Herausforderungen. Doch die Sache mit dem Altern ist vielschichtiger. Denn man könnte ja sagen: Gutes Altern beginnt damit, dass wir selbst ein ausgewogenes und akzeptierendes Verhältnis gegenüber unserem eigenen Älterwerden haben. Ich bin 30 Jahre und finde es gut so; ich bin 50 Jahre und finde es gut so; ich bin 80 Jahre und finde es gut so. Leider jedoch scheint es nicht so zu sein. Vielmehr hadern wir mehr oder weniger unser ganzes Leben lang mit unserem kalendarischen Alter. Zuerst sind wir, vor allem als Jugendliche, zu jung und wollen alt sein. Später dann sind wir zu alt und wollen wieder jung sein.

Dennoch ist das kalendarische Alter natürlich bedeutsam: Unsere Gesellschaft nutzt es fleißig im Sinne einer wichtigen »Stratifizierung«, also einer sozialen Schichtung. Die Gesellschaft besteht aus vielen solchen Schichtungen, und eine der Schichtungen, und sicher nicht die unwichtigste, orientiert sich am chronologischen Alter: »Sie sind jetzt 70 Jahre alt, und da müssen wir uns schon gut absichern, wenn Sie einen Kredit über 100000 Euro möchten. Schwierig.« Das hören ältere Bankkunden zum Beispiel gar nicht so selten. Natürlich gibt es auch altersspezifische Privilegien: Eine Bahncard kostet ab 60 Jahre deutlich weniger. Alter spart bares Geld, wenngleich man natürlich nicht vergessen darf, dass auch Mehrkosten entstehen können (z. B. Rückbau von Barrieren in der Wohnung, ein teures Hörgerät, das nur teilweise von der Versicherung erstattet wird).

Alltagsbeobachtungen. Als ich vor ein paar Monaten einmal aus der Straßenbahn aussteigen wollte, stand eine Gruppe Jugendlicher vor der sich öffnenden Tür, und einer von ihnen sagte laut und deutlich mit Blick auf meine Person: »Lass zuerst einmal die alten Leute aussteigen.« Und ich dachte: Nanu, so wirst du jetzt mit deinen 62 Jahren also wahrgenommen. Ich hatte meinen »Senior Moment«, wie das in der Forschung der NAPs zu Altersbildern und Alterswahrnehmungen bisweilen genannt wird. Bin ich dankbar dafür? Nein, es ist mir eher unangenehm. Was, so alt siehst du nun schon aus? Lehne auch ich mein eigenes Alter ab? Ich glaube schon, und ich spüre heimlichen Stolz, wenn jemand sagt: »Was, Sie sind schon über 60, das hätte ich aber nicht gedacht, Sie sehen aus wie ....« Auch ist mir aufgefallen, dass ich in den letzten Jahren in Vorträgen vor nicht-wissenschaftlichem Publikum fast immer mein Alter einfließen lasse, was ich früher nie getan hätte. Kokettiere ich nun mit meinem Alter? Seht her, er ist schon über 60 Jahre und noch mitten im umtriebigen Wissenschaftlerleben. Allerdings ist das gar nichts Besonderes, wenn wir nochmals an die obige Erfolgsgeschichte des heutigen Alters denken. So gesehen bin ich ja ohnehin noch fast ein »Jungspund«.

Als ein Freund von mir zum 85. Geburtstag seiner mir ebenfalls gut bekannten Mutter eine kleine Rede hielt und dabei gegen Ende sagte: »Nun bist du, liebe Mama, wirklich alt«, hatte er damit wahrscheinlich das Vollbild eines negativen Altersstereotyps bei seiner Mutter ausgelöst. Und man spürte dies auch deutlich an der Reaktion der Mutter, die zwar artig mit dem Kopf nickte, doch hatte ich den Eindruck, dass sie eigentlich den Kopf schütteln wollte. »Nein, ich bin alles, nur nicht alt!«

Beispiele dafür gibt es zuhauf. Eine alte Frau in der Arztpraxis: »Ja, liebe Frau Schmidt, mit 90 Jahren kann man nicht mehr springen wie ein Reh, das ist so im Alter.« Negatives Altersstereotyp ausgelöst. Im Pflegeheim: »Liebe Frau Müller, wie geht es uns denn heute?« Negatives Altersstereotyp ausgelöst. Im Krankenhaus: »Kommen Sie, hier ist Ihr Zimmer. Bitte gehen Sie vorsichtig und fallen

Sie nicht.« Negatives Altersstereotyp ausgelöst. Im Servicebüro der Krankenkasse: »Soll ich lieber nochmals wiederholen, was ich gesagt habe?« Negatives Altersstereotyp ausgelöst. Im Fernsehen: »Einsamkeit im Alter ist ein Riesenproblem in unseren Städten.« Negatives Altersstereotyp ausgelöst.

Zu welcher Gruppe gehöre ich da eigentlich, wird sich so mancher ältere Mensch fragen. Nein, bitte nicht zu den Alten. Dann doch lieber auf Biegen und Brechen zu den Jungen. Und auch ich selbst, wenngleich Altersforscher, bin natürlich nicht gefeit vor altersdiskriminierenden Verhaltensweisen. Bitte, nun fahren Sie mal zu, alter Herr. Bitte, nun bezahlen Sie mal ein bisschen zügig an der Supermarktkasse. Das läuft durchaus auch in meinem Kopf ab. Und ich schäme mich nicht dafür, sollte es wohl aber. Solch negative Altersstereotype sind ziemlich tief in uns allen kodiert. Und die bisweilen völlig überzogen positiven Darstellungen von alten Menschen im Fernsehen, in Printmedien oder in Pharmawerbungen machen alles nur noch schlimmer, denn durch das strahlende Lächeln der abgebildeten Älteren hindurch lacht uns am Ende nur die Unglaubwürdigkeit an. Und verstärkt unsere Negativsicht des Alters weiter.

Warum die Neue Alternspsychologie kein Freund des chronologischen Alters ist. Das kalendarische (oder chronologische) Alter ist, wie wir gesehen haben, als feste Größe sowohl in vielen gesellschaftlichen Zusammenhängen als auch in wissenschaftlichen Arbeiten zentral. Mit dem chronologischen Alter, so die Annahme, haben wir festen und robusten Grund unter unseren wissenschaftlichen Füßen und eine einfach handhabbare Möglichkeit, Menschen nach der bislang in ihrem Leben vergangenen Zeit, dem Abstand seit der Geburt, zu klassifizieren. Das würden wir nicht machen, wenn wir nicht auch annähmen, dass wir mit der Altersinformation auf objektive Weise einen nützlichen Indikator in den Händen haben, der diverse Ableitungen erlaubt im Hinblick etwa auf Schutzbedürfnisse (diese sind bei einer 13-jährigen Person andere als bei einer 43-jährigen oder einer 93-jährigen Person), Kompetenzen (bei einer 10-Jährigen anders als bei einer 40-Jährigen) und rechtliche Institute (mit 17 Jahren darf man in Deutschland in Begleitung Auto fahren, nicht aber mit 16 Jahren).

In der Alternsforschung ist die wohl am häufigsten genutzte Darstellungsform für wissenschaftliche Befunde jene nach dem »Altersgang«: So wird beispielsweise der Verlauf einer bestimmten Intelligenzleistung oder eines Indikators für subjektives Wohlbefinden bei Personen ab 65 Jahren in Fünf-Jahreschritten dargestellt. Hier wird quasi von einer Doppelannahme ausgegangen: Zum Ersten wird angenommen, die zu untersuchende Gruppe (»alte Menschen«) lasse sich durch eine objektive Altersgrenze klar und deutlich von anderen Gruppen abgrenzen. Die bis heute oft genutzte Altersgrenze von 65 Jahren lässt sich aber durchaus hinterfragen: So hat sich der oft ins Feld geführte zeitliche Bezug zu Rentenübergängen historisch deutlich verändert (z.B. Rentenübergang mit 63 Jahren möglich; gleichzeitig Verschiebung des Renteneintrittsalter auf 67 Jahre); auch der manchmal zu findende Rekurs auf gesundheitliche Veränderungen ist fragwürdig, denn wir wissen ja, dass der allgemeine Gesundheits- und Funktionsstatus einer heute 65-jährigen Person in etwa jenem einer 55-jährigen Person von vor 20 Jahren entspricht. Setzen wir also die Altersgrenze heute mit einem Wert »65 Jahre« eigentlich bei 55 Jahren an? Und ist das wirklich sinnvoll?

Zum Zweiten geht die Annahme dahin, dass, um im Beispiel zu bleiben, mit den gewählten Fünf-Jahresschritten bei der Darstellung einer wissenschaftlichen Befundlage eine objektive und über jeden Zweifel erhabene Messgröße vorliegt. Allerdings ist die Unterschiedlichkeit der infrage stehenden Variablen (z.B. geistige Leistungsfähigkeit) zwischen den Versuchsteilnehmern auf jeder kalendarischen Altersstufe in aller Regel sehr hoch, d.h. im Altersband 65–69 Jahre werden sich viele Menschen finden, die in ihrer Leistung entweder den 60–64-Jährigen oder den 70–74-Jährigen sehr viel ähnlicher sind als ihrem »objektiven« Altersband. Solche Altersbänder sind also nur bedingt hilfreich, und zwar egal in welchem Alter. Zudem, und darauf wollen wir in diesem Kapitel vor allem hinaus, interpretieren Menschen ihr eigenes Alter, d.h. der größte Teil der Menschen im Altersband 65–69 Jahre fühlt sich möglichweise deutlich jünger, ein Teil eventuell auch deutlich älter.

Einer der anerkanntesten Altersforscher überhaupt, der Anfang 2016 verstorbene James E. Birren, hatte bereits 1996 zusammen mit seinem holländischen Kollegen Johannes Schroots geschrieben: »Chronological age is an initially appealing false lover who tells you everything and nothing.« Also: Das chronologische Alter ist ein falscher Liebhaber, der uns, frei übersetzt, das Blaue vom Himmel verspricht, es dann aber nicht halten kann. Trauen wir also dem »falschen Liebhaber« chronologisches Alter nicht zu viel an wissenschaftlicher Potenz zu.

Dies führt uns zu der in der NAPs seit über 20 Jahren intensiv untersuchten Frage, ob Forschungsansätze zu subjektivem Altern hilfreich sein könnten, um den Problemen einer rein kalendarischen Altersbetrachtung zu begegnen.

Ich bin so alt, wie ich mich fühle

Älterwerden ist ohne jeden Zweifel etwas sehr Persönliches – ein Prozess, der maßgeblich subjektiven Einstellungen, Erwartungen, Interpretationen und Deutungen unterliegt. Seit geraumer Zeit versuchen vor allem Psychologen, diese subjektiven Erlebensweisen des Alterns systematischer zu beschreiben und zu verstehen. Grundlegend für das Verständnis subjektiver Alternserlebensweisen sind die bereits weiter oben skizzierten gesellschaftlichen Altersbilder bzw. Altersstereotype, die weit verbreitete Ansichten über das Alter bzw. über die Fähig- und Fertigkeiten älterer Menschen beschreiben. Es ist dabei natürlich interessant, dass trotz der Erfolgsgeschichte des heutigen Alterns negative Sichtweisen desselben nach wie vor sehr häufig zu finden sind.

Subjektives Alter. Das bedeutet freilich nicht, dass sich auch bei alternden Menschen selbst eher negative Sichtweisen des eigenen Älterwerdens finden. Denn gesellschaftlich vorherrschende Sichtweisen des Alterns werden, wie das bei allen gesellschaftlichen Normen und Werthaltungen der Fall ist, vielfach individuell gebrochen, interpretiert und umgedeutet. Oft stellen dabei individuelle Alternserlebensweisen bewusst oder weniger bewusst erlebte Diskrepanzen zwischen dem chronologischen Alter und den damit verbundenen Normen einerseits und den erlebten bzw. selbst zugeschriebenen eigenen Fähigkeiten, Kompetenzen und Erlebensweisen andererseits dar.

Beispiel: Stellen Sie sich einfach mal selbst die Frage, die in Forschungen zum subjektiven Alter sehr häufig gestellt wird: »Einmal abgesehen von Ihrem tatsächlichen Alter, wie alt fühlen Sie sich?« Wie sieht Ihre Antwort aus? Aufgrund der vorliegenden Forschung dazu vermute ich, dass Sie, vor allem, wenn Sie älter als 30 Jahre sind, sich eher jünger eingeschätzt haben, als Sie kalendarisch sind. Falls das so ist: Gehen Sie dem einmal nach. Was bedeutet für Sie, sich jünger zu fühlen?

Das subjektive Alter ist ein sehr simples und globales Maß, das in der Forschungsliteratur wahrscheinlich nicht zuletzt wegen seiner Erhebungseinfachheit sehr intensive Anwendung gefunden hat. Vergleicht man die Entwicklung des chronologischen und des subjektives Alters über die Lebensspanne hinweg, so zeigt sich, dass wir uns fast nie so alt fühlen, wie wir tatsächlich sind. Jugendliche und junge Erwachsene fühlen sich mehrheitlich älter, als sie kalendarisch sind, zumindest wären sie es gerne. Mit etwa Mitte 20 kippt dieses »Sich-älter-Fühlen« allerdings, und die meisten Menschen fühlen sich nun subjektiv jünger. Diese Diskrepanz zwischen subjektivem und realem Alter steigt im Laufe des Lebens weiter an. Gleichzeitig bestehen, das darf auch nie vergessen werden, große Unterschiede zwischen Personen dahingehend, wie viel jünger sie sich fühlen. Es gibt auch eine kleine Gruppe, die sich in der Tat älter fühlt, als sie kalendarisch ist. Aber die »normale Situation« ist eben ein »Je älter, desto jünger«. Überspitzt könnte man fragen: Wie alt ist denn nun eine 90-jährige Dame, wenn sie sich wie Anfang 80 fühlt? Die Antwortversuche der NAPs untersuchen vor allem, ob es einen bedeutsamen Unterschied ausmacht, ob man sich beispielsweise mit 60 oder 70 Jahren zwei, fünf oder sieben Jahre jünger fühlt.

Untersuchungen zu Geschlechterunterschieden zeigen übrigens, dass sich Frauen im mittleren und höheren Lebensalter tendenziell jünger fühlen als Männer. Unklar ist allerdings, ob dieser Befund tatsächlich als Ausdruck eines jüngeren Alternserlebens bei Frauen verstanden werden darf oder eher als Indikator einer selbstwertdienlichen Strategie: Ältere Frauen haben möglicherweise, nicht zuletzt aufgrund des oben beschriebenen doppelten Standards des Alterns, ein größeres Bedürfnis als ältere Männer, sich von ihrem chronologischen Alter und damit offensichtlichen äußeren Alterungserscheinungen zu distanzieren. Graues Haar kann bei älteren Männern durchaus gut ankommen (bis hin zum »Power-Grau«, das von einer Haarpflegemittelfirma entwickelt wurde), bei Frauen dagegen nicht.

Einstellungen zum eigenen Älterwerden. Die Forschungen der NAPs sind allerdings nicht beim simplen Maß des subjektiven Alters stehen geblieben. So hat man Fragebögen entwickelt, um zu erfassen, welche Einstellungen man gegenüber dem eigenen Älterwerden besitzt.

Beispiel: Ein sehr häufig genutztes Verfahren zur Erfassung (»Messung«) der Einstellungen zum eigenen Älterwerden ist von dem amerikanischen Alternspsychologen M. P. Lawton entwickelt worden. Dabei werden die folgenden fünf Aussagen vorgelegt, und bei jeder Frage ist entweder ein JA oder ein NEIN anzukreuzen.

(1) Das Leben wird härter, je älter ich werde.
(2) Ich habe noch genauso viel Schwung wie im letzten Jahr.
(3) Je älter ich werde, desto weniger werde ich gebraucht.
(4) Mit zunehmendem Alter geht es mir eigentlich besser, als ich dachte.
(5) Ich fühle mich heute noch genauso glücklich und zufrieden wie früher.

Beantworten Sie, wenn Sie mögen, einmal selbst diese fünf Fragen. Was geht Ihnen dabei durch den Kopf? Finden Sie, dass in diesen fünf Fragen Wichtiges zum eigenen Älterwerden enthalten ist? Ich selbst würde dies eindeutig bejahen: So wird nicht direkt nach Krankheiten gefragt, sondern eben allgemein danach, ob das Leben »härter« wird. In der »Schwung«-Frage geht es um Vitalität und Lebensenergie, die ein ganzes Leben lang wichtig sind. Gebrauchtwerden ist gerade auch spät im Leben sehr bedeutsam, wenn einige der klassischen Rollen, wie Elternrolle und Berufsrolle, nicht mehr gefragt sind. Frage 4 und 5 sind positiv formulierte Fragen zum eigenen Befinden (hier dürften auch gesundheitliche Belange stark einfließen) und zu Glück und Zufriedenheit – das ist aus meiner Sicht das »Salz des Alterns«.

So hat die NAPs ein ganzes Arsenal an Fragebögen entwickelt, um subjektiven Altersbewertungen und ihrer Bedeutung auf die Spur zu kommen. Zudem soll herausgefunden werden, ob gesellschaftlich vorherrschende Altersstereotype direkte Wirkungen auf Verhalten, Leistungen und Erleben von Älteren zeigen. Das hat man oftmals in experimentellen Anordnungen untersucht und vor allem unter der Annahme, dass derartige Stereotype, wie alle Stereotype, in der Regel vorbewusst wirken. Dazu zeigt man beispielsweise Menschen in sehr kurzen Einblendungen auf einem Computerbildschirm Wörter, die unter der bewussten Wahrnehmungsschwelle liegen. Der Clou: Man streut Wörter wie »alt« in eine solche Wortliste ein und untersucht danach, ob dies Wirkungen zeigt. Erwartet wird, dass durch die vorbewusste Wahrnehmung derartiger »Alt«-Begriffe negative Altersstereotype ausgelöst werden. Und dass diese sich dann auch im Verhalten der Versuchsteilnehmer niederschlagen. Oder den Versuchsteilnehmern werden zufällig positive oder negative Ansichten vom Alter gezeigt (z. B. weise – fürsorglich oder krank – vergesslich). Anschließend werden die Leistungen beider Gruppen in verschiedenen Bereichen miteinander verglichen.

Welche Wirkung zeigen Altersstereotype und subjektive Altersbewertungen?

Die Ergebnisse dieser Studien zeigen, dass die bloße Konfrontation mit negativen gesellschaftlichen Altersbildern Personen situativ »altern« lässt: Sie schneiden bei Gedächtnisaufgaben schlechter ab, weisen eine erhöhte kardiovaskuläre Stressreaktion auf, gehen langsamer und zittern beim Schreiben stärker mit den Händen als eine Vergleichsgruppe ohne eine solche experimentelle »Behandlung«. Ausgeführt werden mussten dabei jeweils ziemlich anspruchsvolle Gedächtnisaufgaben oder andere objektive Verhaltensleistungen. Die gefundenen Leistungsunterschiede haben nichts mit dem chronologischen Alter zu tun, denn die verglichenen Gruppen waren im Mittel jeweils gleich alt und auch sonst sehr ähnlich. Die Aktivierung negativer Altersbilder scheint demnach großen Einfluss auf das Selbstvertrauen, die Motivation, möglichst gut sein zu wollen, und damit das Leistungspotenzial älterer Menschen zu besitzen.

Doch lassen sich diese Laborstudien auch auf den Alltag übertragen? Dazu hat die NAPs vor allem Verfahren wie die oben beschriebenen in Längsschnittstudien eingesetzt und Zusammenhänge mit wichtigen Zielvariablen wie Wohlbefinden und Gesundheit untersucht. Nur Längsschnittstudien können uns ja dabei helfen, Ursache-Wirkungs-Zusammenhänge besser zu verstehen. Mein Forschungsteam hat zu diesem Zweck zusammen mit anderen Kooperationspartnern weltweit in den einschlägigen wissenschaftlichen Fachjournalen alle Längsschnittstudien ausfindig gemacht, die untersucht haben, ob unterschiedliche subjektive Altersbewertungen zu einem späteren Zeitpunkt tatsächlich mit unterschiedlichen Gesundheitszuständen zusammenhängen (Westerhof et al. 2014). Unsere Meta-Analyse, also die zusammenfassende Neuauswertung der Einzelergebnisse all dieser Studien, zeigt, dass Menschen, die sich jünger fühlen bzw. ihr eigenes Älterwerden positiver bewerten, auch Jahre später noch eine insgesamt bessere Gesundheit aufweisen. Zudem zeigt sich, dass sie auch länger leben – und zwar nicht nur ein paar Monate, sondern ein paar Jahre!

Die nachfolgende Abbildung entstammt einer sehr bekannt gewordenen Studie von Levy et al. von der Yale University (2002). Man hat hier eine sogenannte Überlebensanalyse durchgeführt und unterschiedliche Gruppen danach verglichen, zu welchem mittleren Zeitpunkt jeweils die Hälfte der Stichprobe verstorben ist.

Die Abbildung zeigt nun, dass in der Gruppe, in der man bereits Jahre zuvor hohe Ausprägungen positiver Alterswahrnehmungen (High Positive Perceptions of Aging) gemessen hatte, die Hälfte der Stichprobe 7,6 Jahre später verstorben war als jene Gruppe, in der man zu demselben früheren Zeitpunkt niedrige Ausprägungen positiver Alterswahrnehmungen (Low Positive Perceptions of Aging) beobachtet hatte. Ein wirklich erstaunlicher Befund, der eindrücklich die schützende und wertvolle Rolle von positiven Alterswahrnehmungen zeigt. Und dieses Resultat ist beileibe keine Eintagsfliege, sondern wiederholt in unterschiedlichen Längsschnittstudien gefunden worden und somit ziemlich robust. Die Ergebnisse bleiben im Übrigen auch nach Berücksichtigung anderer wichtiger Variablen wie Alter, Geschlecht, Bildung und Gesundheit bestehen. Man kann also z.B. nicht sagen, dass die länger Lebenden von Anfang an zu den gesünderen Personen der untersuchten Stichprobe gehörten.

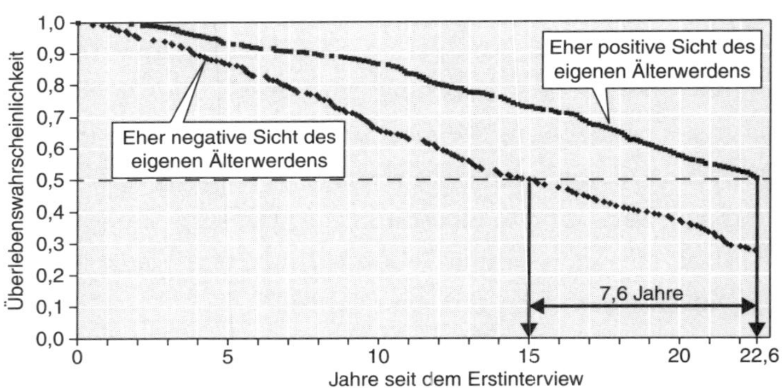

Abb. 3: Die Bedeutung positiver Bewertungen des eigenen Älterwerdens für ein längeres Leben

Personen mit einem jüngeren subjektiven Alter berichten ferner noch Jahre später über ein höheres psychologisches Wohlbefinden als Personen mit einem weniger jungen gefühlten Alter. Ein positiveres Alternserleben ist überdies mit einem gesünderen und aktiveren Lebensstil verknüpft. In Bezug auf kognitive Funktionsmaße gilt ein negatives subjektives Alternserleben als Risikofaktor für beschleunigte Abbauprozesse des Gedächtnisses, aber auch für die fluide Intelligenz, also bestimmte geistige Abbauprozesse im Bereich des logischen Denkens und der Verarbeitungsgeschwindigkeit.

Jüngst konnten Becca Levy und Kollegen (2015) mithilfe von bildgebenden Verfahren und postmortalen Gehirnautopsien sogar neuropathologische Zusammenhänge zwischen früheren negativen Sichtweisen des eigenen Älterwerdens und (viel) späterer Amyloid-Plaque-Dichte und Verkleinerungen des Hippocampus-Volumens nachweisen. Dabei handelt es sich um hirnorganische Veränderungen, die mit Demenzerkrankungen einhergehen. Alterssichtweisen scheinen also direkt auf unser Gehirn Einfluss zu nehmen. Wie das?

Warum Altersstereotype und Altersbewertungen so wirken, wie sie wirken

Gesellschaftliche Altersbilder, so wird heute allgemein angenommen, werden bereits in der Kindheit erlernt. Wenn sich meine Frau und ich bei unseren Enkeln im Alter von nun fünf bis sieben Jahren allgemein nach uns als Großeltern erkundigen, dann kommt vielleicht: »Toll, bei euch im Hobbykeller zu spielen und überhaupt...«. Wenn wir aber fragen: Was haltet ihr von unserem Alter?, dann kommt schon eher: »Oh, ich möchte nicht so alt sein, da wird man immer schwächer und muss bald sterben.« Offenbar werden von unseren Enkeln die allgemeine

»Großelternwelt« und die »Alterswelt« fein säuberlich voneinander getrennt.

Im Zuge des weiteren Lebens werden diese Altersbilder »internalisiert«, d. h. wir machen sie uns zu eigen, legen sie aber irgendwo in uns ab, wo sie vor sich hin schlummern. Wenn wir dann aber viele Jahre später den »Sprung« in die Gruppe der Älteren machen, erlangen diese Altersbilder Selbstrelevanz, d. h. sie bestimmen unsere Person und unser Handeln immer stärker. Zusammen mit individuellen Erfahrungen, Erwartungen und Kompetenzen formt sich dann unser subjektives Alternserleben weiter aus, was auch bedeutet, dass es zu durchaus großen Unterschieden zwischen alternden Personen kommt. Nicht alle älteren Menschen sind gleich; das gilt auch für die Wahrnehmungen und Bewertungen des eigenen Älterwerdens.

Erklären lassen sich die eben dargestellten Befunde der NAPs zur lebenslangen Entwicklung von Altersbildern unter anderem mit der sogenannten Stereotype-Threat-Theorie. Diese Theorie geht davon aus, dass sich Angehörige einer gesellschaftlich oftmals stigmatisierten sozialen Gruppe, wie z. B. »alte Menschen«, andauernd von Stereotypen bedroht fühlen und dann bei Auslösung des Stereotyps, z. B. eines negativen Altersstereotyps (»Alte Menschen sind tatterig und vergesslich«), dieses Stereotyp im Sinne einer sich selbst erfüllenden Prophezeiung auch tatsächlich in ihrem Verhalten bestätigen. Wichtig ist, dass es sich dabei um weitgehend dem Bewusstsein entzogene Abläufe handelt, die sich damit auch den Möglichkeiten gezielter Gegenwirkung und bewusster Selbstregulationsprozesse entziehen. Man könnte deshalb auch sagen, dass hier fast etwas »Heimtückisches« am Werk ist, das sich der Beeinflussung durch die betroffenen Älteren selbst in hohem

Maße entzieht. Seien Sie also auf der Hut vor negativen Altersstereotypen!

Eine zweite Theorie, die sogenannte Stereotype-Embodiment-Theorie, nimmt an, dass sich Altersstereotype und Einstellungen zum eigenen Älterwerden insbesondere auf dreierlei Wegen in uns ausbreiten und ihre Wirkung fast wie eine Droge entfalten: psychologisch, aktional und physiologisch.

- Psychologisch: Subjektive Alternserlebensweisen färben z. B. das Selbstkonzept einer Person mehr oder weniger negativ ein. Je stärker jemand davon überzeugt ist, dass Altern einem unkontrollierbaren Abbau und Kontrollverlust gleicht, desto weniger wird er/sie daran glauben, den eigenen Alterungsprozess aktiv mitgestalten zu können – mit fatalen Folgen. Denn derartige Überzeugungen können dann zur sich selbst erfüllenden Prophezeiung werden: Was man befürchtet, tritt auch tatsächlich ein.
- Verhalten: Negative Altersbewertungen hängen mit einem weniger aktiven und weniger gesunden Lebensstil und mit einem geringeren sozialen Engagement zusammen, was vor allem die oben beschriebenen gesundheitlichen Auswirkungen zumindest teilweise erklären kann.
- Physiologisch: Negative Altersbewertungen gehen mit Stress und Ängsten einher, und auch hier wissen wir, dass sie auf längere Sicht gesehen höhere Gesundheitsrisiken, eine geringere Lebenszufriedenheit und nachlassende kognitive Funktionen mit sich bringen.

Treten diese Wirkungen dann tatsächlich ein, bestätigen sie wiederum die negativen Annahmen dem eigenen Altern gegenüber. Dieser ziemlich üble Teufelskreis wird noch verstärkt durch die folgende Einsicht: Laut einer Meta-Analyse von Meisner (2012), die die Ergebnisse verschiedener Arbeiten zusammenfasst, sind die negativen Konsequenzen von negativen Altersstereotypen etwa um ein Dreifaches stärker als die positiven Konsequenzen von positiven Altersbewertungen. Schlechtes verstärkt somit Schlechtes stärker als Gutes Gutes. Nicht nur im Bereich von Alterssichtweisen.

Resümee

Ist das chronologische Alter also nur Schall und Rauch? Das sicher nicht, denn wie wir gesehen haben, ist es eine wichtige Stratifizierungsvariable in unserer Gesellschaft. Nicht von ungefähr wird in fast jeder Amtshandlung oder in medizinischen Behandlungszusammenhängen nach dem Alter gefragt. Vielleicht wäre es aber nach den Ergebnissen der NAPs, die wir in diesem Kapitel kennengelernt haben, gar nicht so schlecht, ja sogar angebracht, auch zu fragen: Wie alt fühlen Sie sich? Denn subjektives Altern stellt eine wertvolle Zeitmetrik jenseits des chronologischen Alters bereit, um das Verhalten, das Erleben und die Leistungen älterer Menschen besser verstehen zu können. Dabei belegt die Forschung eindrücklich die Gefahr negativer Altersbilder und die Bedeutsamkeit des gefühlten Alters. Man könnte auch sagen: Altern im Humanbereich geschieht nicht einfach, sondern wird von uns interpretiert; und diese Interpretationen haben durchaus gewaltige Folgen. Seien wir also überaus sensibel für negative Alterszuschreibungen. Gut gemeinte Aussagen, wie sie etwa in medizinischen und pflegerischen Behandlungskontexten bis heute nicht selten zu finden sind (z. B. »Liebe Frau Schmitt, Sie sind ja mit Ihren 86 Jahren nun auch richtig alt, und da geht's halt nicht mehr so gut«), können das Vollbild einer negativen Altersstereotypisierung mit möglicherweise sehr ungünstigen Folgeerscheinungen auslösen. Solcherart Aussagen gegenüber Älteren sollten wir deshalb komplett unterlassen.

Gleichzeitig werden auch Gestaltungsfreiraum und Plastizität erkennbar (siehe noch einmal Prinzip 5 der NAPs): Wir können unseren Alterungsprozess aktiv mitgestalten. Die (scheinbar) altersbedingten Einbußen sind nicht völlig unkontrollierbar, sondern unsere subjektiven Altersbewertungen können unser Wohlbefinden sowie die körperliche und kognitive Funktionsfähigkeit entscheidend mitbeeinflussen. Natürlich möchten wir nicht Gott spielen. Aber auch unsere Lebenslänge hat, wie wir gesehen haben, etwas mit unseren eigenen Alterssichtweisen zu tun. Altern beginnt nicht zuletzt auch in unserem Kopf!

3 Psychisches Altern im Sixpack: Nicht nur Verlust, sondern auch Gewinn

Wohlbefinden und Emotionen: Paradoxien auf der Spur

Dass geringes Wohlbefinden und Depression die Phase des späten Lebens beherrschen, ist eine offenbar nur schwer zu korrigierende Mär. In Wirklichkeit ist das Gegenteil der Fall: Wohlbefinden bleibt auch spät im Leben im Mittel relativ stabil, geht also nicht in den Keller. Die empirische Frage ist heute nicht mehr, ob dies so ist, sondern warum.

Was bedeutet überhaupt Wohlbefinden im Alter? Wohlbefinden wird häufig als ein subjektives Kriterium erfolgreichen Alterns herangezogen. Dabei unterteilt die NAPs Wohlbefinden in zwei Komponenten: eine kognitive Komponente und eine emotionale Komponente. Die Idee dahinter ist, Bewertungen der Zufriedenheit mit dem eigenen Leben insgesamt oder in wichtigen Bereichen (z.B. Gesundheit, Wohnen, Freizeit) zu unterscheiden von dem Erleben von Gefühlen. Gefühle können dabei entweder sehr angenehm sein, wenn nicht sogar beflügeln und euphorisierend wirken; oft bedeuten positive Gefühle allerdings einfach so etwas wie gute Stimmung bzw. ein zuversichtliches Gut-gelaunt-Sein. Negative Gefühle besitzen hingegen unangenehmen Charakter. Ängste beispielsweise können

Dinge, die wir eigentlich gerne tun würden, verhindern und Gefühle von Traurigkeit und Wertlosigkeit können uns die Freude an einem schönen Frühlingstag verhageln.

Beispiel: Wie misst man kognitives und emotionales Wohlbefinden?

Das kognitive Wohlbefinden wird häufig nur mit einer Frage gemessen: »Sagen Sie mir bitte anhand dieser Skala, wie zufrieden Sie – alles in allem – gegenwärtig mit Ihrem Leben sind?« Dann geht es weiter mit der folgenden Instruktion: Wenn Sie ganz und gar zufrieden sind, geben Sie bitte die 10 an. Wenn Sie ganz und gar unzufrieden sind, geben Sie bitte die 0 an. Wenn Sie weder ganz und gar zufrieden noch ganz und gar unzufrieden sind, dann ordnen Sie sich irgendwo zwischen 1 und 9 ein und wählen die Zahl, die am besten Ihre Position widerspiegelt. Mit der 5 drücken Sie ein ›weder noch‹ aus.«
Bewerten Sie sich einmal selbst anhand dieser Skala. Wo verorten Sie sich? Eigentlich ist es doch fast unglaublich, was da alles in das eine »Item« eingeht, oder? Ein ganzes gegenwärtiges Leben soll bewertet werden. Andererseits gibt es inzwischen Hunderte von Studien, die genau diese oder ganz ähnliche Fragen eingesetzt haben, sodass sehr viel »Datenerfahrung« damit existiert. Insgesamt geht die NAPs heute davon aus, dass mit dieser Frage eine aussagekräftige, wenngleich globale Einschätzung des kognitiven Wohlbefindens sehr gut möglich ist.
Das emotionale Wohlbefinden hingegen wird weltweit am häufigsten mit dem sogenannten Positiv-Negativ-Affekt-Fragebogen erfasst. Dabei wird Menschen eine ganz Reihe von Beschreibungen zu beiden Affektklassen vorgelegt, und sie werden um eine Einschätzung gebeten, wie häufig die einzelnen Emotionen bei ihnen in der letzten Zeit aufgetreten sind (von »überhaupt nicht« bis »sehr oft«). Zum Beispiel werden die folgenden positiven Emotionen abgefragt: sich begeistert

fühlen, sich stark fühlen, sich entschlossen fühlen. Und beispielsweise die folgenden negativen Emotionen: sich beschämt fühlen, sich bedrückt fühlen, sich unruhig fühlen.
Das Instrument ist dabei flexibel anpassbar, je nachdem für welchen Zeitraum sich die Forscher interessieren. Häufig werden die letzten vier Wochen vor der Erhebung herangezogen, weil dies ein Zeitraum ist, der nicht zu kurz ist, um Stabilität im emotionalen Erleben abzubilden, der aber auch nicht zu lang ist, um Schwankungen des emotionalen Erlebens einzufangen.

Ein spannender Befund der Emotionsforschung besteht darin, dass bei ein und demselben Menschen positive und negative Gefühle relativ unabhängig voneinander auf einer Skala von »intensiv vorhanden« bis »nicht vorhanden« oder »sehr häufig« bis »gar nicht« auftreten können. Das heißt nicht, dass wir gleichzeitig sehr glücklich und überaus traurig sein können. Es bedeutet aber durchaus, dass auf der einen Seite schwierige Seiten des Lebens mit negativen Gefühlen und Stimmungen verbunden sein können, es aber auf der anderen Seite gelingen kann, insgesamt eine »gute Contenance« und so etwas wie Gelassenheit zu bewahren.

Bei alten Menschen scheinen auch nach unseren Forschungsergebnissen gute und weniger gute Gefühle gut nebeneinander stehen zu können, vor allem im sehr hohen Alter. In einer unserer Studien beispielsweise fanden wir in einer Stichprobe von Hochaltrigen, alle weit über 80 Jahre, immer noch hohe Anteile an Menschen mit sehr hohen Werten bei Lebenszufriedenheit und positiven Gefühlsbeschreibungen; negative Gefühle wurden als relativ gering beschrieben. Dennoch war auffällig, dass sich ein großer Anteil dieser sehr weit auf der Lebenslinie fortgeschrittenen Menschen auch im Bereich klinisch bedeutsamer Depressivität bewegte. Aus heutiger Sicht zeichnet gerade dies das sehr hohe Alter aus und bestätigt gleichzeitig in eindrucksvoller Weise die relative Unabhängigkeit von positivem und negativem Gefühlserleben: Beides kann gerade im sehr hohen Alter »locker« nebeneinander stehen, ohne sich zu »beißen«. Man könnte sogar sagen: Es ist ein Stück Komplexität dieser Lebensphase. Es sind auf jeden Fall zwei Seiten ein und derselben Medaille des sehr späten Lebens: Zufriedenheit und Gelassenheit angesichts all des Guten, was man gelebt und geschaffen hat; Trauer und Niedergeschlagenheit angesichts all der körperlichen und sozialen Verluste, die man zu vergegenwärtigen hat. Der nunmehr gefühlt nahe Tod tut ein Übriges. Das sehr hohe Alter ist psychologisch von beidem geprägt: Gewinn durchtränkt von Verlust und Verlust durchtränkt von Gewinn.

Das Wohlbefindens-Paradox im Alter. Schauen wir uns nun einige Daten in Bezug auf das sogenannte Wohlbefindens-Paradox an. Dieses Paradox bedeutet, dass das Wohlbefinden auch spät im Leben lange Zeit erstaunlich stabil bleibt, trotz deutlich größer werdender Einbußen in wichtigen Funktionsbereichen (z. B. Gehen, Sensorik, kognitive Leistungen) und weiterer Verluste (z. B. Verlust der Berufsrolle, Verwitwung). Aber stimmt das wirklich? Ist dieses Paradoxon empirisch gut bestätigt oder doch nur ein Artefakt der Forschung, weil alte Menschen vielleicht das sagen, was Forscher hören wollen? Die Antwort lautet: »Nein, aber.«

Die Daten in Abbildung 4 stammen aus meiner Forschungsgruppe. Wir haben diese Menschen, alle über 80 Jahre, also in ihrem Vierten Alter, zu mehreren Messzeitpunkten (insgesamt vier) über etwa acht Jahre hinweg beobachtet, d.h. wir haben für diese Altersgruppe Längsschnittdaten über einen bedeutsamen Zeitraum hinweg gesammelt. Gemessen haben wir neben dem kognitiven und emotionalen Wohlbefinden auch die Selbstständigkeit bei der Ausübung alltäglicher Aktivitäten (»Activities of Daily Living«, ADL), die für die meisten alten Menschen ein sehr hohes Gut darstellt.

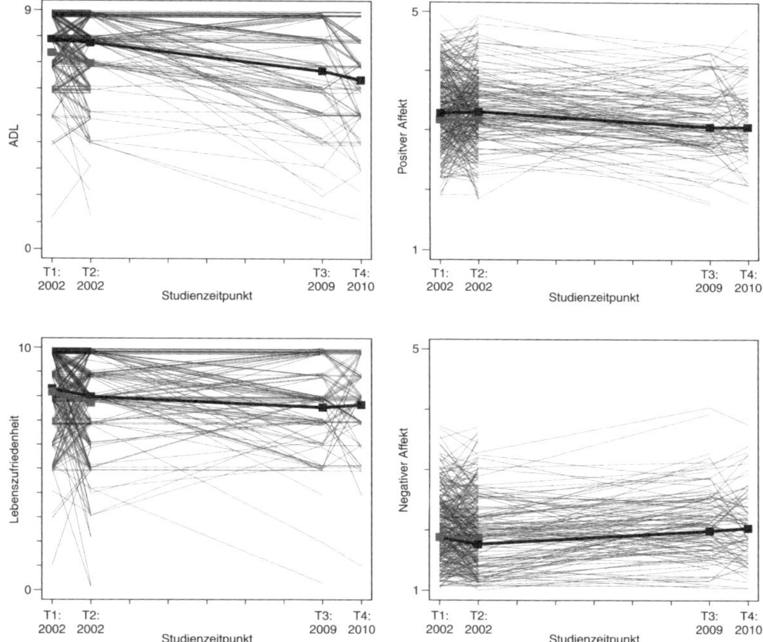

Abb. 4: Verläufe der Selbstständigkeit bei alltäglichen Aktivitäten sowie des kognitiven und emotionalen Wohlbefindens im Vierten Alter

Wie zu erwarten, nimmt die Selbstständigkeit in den ADL in unserer Stichprobe von über 80-Jährigen über acht Jahre hinweg im Mittel deutlich ab, weil in diesem Zeitraum mit hoher Wahrscheinlichkeit weitere Funktionseinbußen

(z. B. Geh- und Seheinschränkungen) auftreten. Zieht diese Verlusterfahrung abnehmender Selbstständigkeit in den ADLs nun aber auch das Wohlbefinden nach unten? Die Antwort nach unseren Befunden und vielen anderen, ähnlichen Studien mit alten Menschen lautet: Nein! Sowohl das kognitive wie das emotionale Wohlbefinden bleiben relativ stabil. Zudem zeigt sich, dass negative Gefühle deutlich weniger häufig auftreten als positive Gefühle (siehe die niedrigeren Werte bei negativem Affekt im Vergleich zu positivem Affekt in Abbildung 4). Das ist ein allgemein sehr häufig replizierter Befund, der, wie wir mit unseren Daten zeigen können, auch für sehr alte Menschen gilt.

Und nun kommt das »Aber«: In Abbildung 4 verdeutlicht jede Linie den Verlauf eines alten Menschen unserer Stichprobe. Dabei erkennt man schnell, dass es auch Gewinner und Verlierer gibt, die in den mittleren Tendenzen (den dicken Linien) verdeckt werden. Es gibt auf der einen Seite hochaltrige Menschen, die in ihrer Alltagsselbstständigkeit ziemlich stabil bleiben; es gibt auf der anderen Seite auch Personen, die deutliche Verluste in Bezug auf das kognitive und emotionale Wohlbefinden aufweisen. Also: Vorsicht bei einem Blick nur auf die Mittelwerte über die Zeit hinweg!

Ein weiterer Pferdefuß: Längsschnittstudien haben immer auch mit dem Problem zu kämpfen, dass einige der beteiligten Personen frühzeitig aus der Studie ausscheiden (diese finden sich in den dicken Linien nur zwischen den Messzeitpunkten 1 und 2). Und leider ist es dabei so, dass es sich hier meist um jene handelt, die von Anfang an ungünstigere Werte aufweisen als die restliche Stichprobe. In der Stichprobe verbleiben also häufig die ohnehin »Besseren«; man spricht von positiver Auswahl. Schließlich haben die alten Menschen unserer Studie auch noch zwei Weltkriege erlebt (man denke nochmals an das Prinzip 8 der NAPs, nämlich die historische Einbindung des Alterns). Es könnte also durchaus sein, dass diese schwerwiegende Lebenserfahrung die betroffenen Menschen ein Stück weit immun gegenüber den Belastungen des Älterwerdens gemacht hat (»Was ich schon alles überstanden habe im Leben, da kann mir das Älterwerden nichts mehr anhaben.«) und aus diesem Grund das Wohlbefinden relativ stabil bleibt. Dies könnte wiederum bei zukünftigen älteren Menschen ohne solch gravierende Lebenserfahrungen anders aussehen. Zwar sollte man all diese Effekte nicht überschätzen, aber es wäre eben doch möglich, dass ein Teil der Erklärung des Wohlbefindens-Paradoxes darin begründet ist, dass in Längsschnittstudien bislang oftmals die ohnehin schon »Besseren« und »Widerstandsfähigen« weiterverfolgt wurden.

Warum Wohlbefinden im Alter nicht kleinzukriegen ist. Die Befunde der NAPs unterstützen eine Annahme voll und ganz: Zur Stabilisierung ihres Wohlbefindens nutzen ältere Menschen nicht nur einen Mechanismus, sondern eine Vielzahl von Strategien. Man könnte fast von einem sehr gut sortierten Werkzeugkasten sprechen, in den man hineingreifen kann, um aufgetretene Probleme im höheren Lebensalter zu »reparieren«. Ältere Menschen sind zum Ersten in der Kunst des Auswählens – in der NAPs spricht man häufig auch von Verhaltensselektivität – besonders gut. Sie konzentrieren sich auf die ihnen besonders wichtigen Lebensbereiche, z. B. den Kontakt zu ihren Lieben, und sie lassen andere, weniger wichtige Erfahrungen beiseite (z. B. den Umgang mit eher flüchtig Bekannten). Viele Ältere handeln nach dem Motto: Ich beziehe mich möglichst intensiv auf die Dinge im Leben, die mir Freude und Befriedigung bereiten, und tue alles dafür, dass für mich Ungutes möglichst nicht stattfindet. Das funktioniert bei den meisten Älteren ziemlich gut, zumal der häufig wenig kontrollierbare und oft stressreiche Bereich der Erwerbsarbeit weggefallen ist. Es ist zwar nicht das Paradies auf Erden, aber doch eine Alltagserfahrung, die man so in früheren Lebensjahren oft nicht längere Zeit machen kann (Ausnahmezeiten wie Urlaube ausgenommen).

Ältere Menschen kompensieren zweitens geschickt dort, wo es notwendig ist, etwa indem sie Alltagsverrichtungen vereinfachen (nach dem Motto: »Ich muss mich nicht jeden Tag duschen«), und sie setzen damit immer wieder aufs Neue Ressourcen frei, um Entwicklungsfortschritte, d.h. Optimierungen und Wachstum zu bewirken. Indem das Leben vereinfacht wird, ist auch bei nachlassenden körperlichen Kräften genug Energie vorhanden, um etwa den Kontakt mit den Enkeln ausgiebig zu genießen, kulturelle Erfahrungen wie Theater- oder Konzertbesuche regelmäßig umzusetzen, ehrenamtliche Aktivitäten verlässlich bereitzustellen oder auch neue soziale Erfahrungen »mit Risiken« zu machen, etwa eine neue Liebesbeziehung einzugehen, was z.B. gerade ältere Frauen heute häufiger tun als jemals zuvor. Man könnte auch sagen: Ältere sind Weltmeister und Weltmeisterinnen in der Herstellung von Alltagswelten, die ihnen gut tun, das Erleben von positiven Gefühlen unterstützen und negative Gefühle vermeiden helfen. Und sie scheinen dies sogar über die zurückliegenden Jahrzehnte hinweg betrachtet von Generation zu Generation zunehmend besser zu können. So zeigen beispielsweise Arbeiten der Berliner Altersstudie, dass das Wohlbefinden der rezent (2013–2014) 70- bis 100- Jährigen deutlich über jenem einer entsprechenden Altersgruppe liegt, die 1990 bis 1993 mit derselben Fragebogenmethode untersucht wurde (Hülür et al. 2016).

Drittens haben ältere Menschen Zeit. Und Zeit zu haben und über Zeit verfügen zu können macht zufrieden. Es ist eine überaus reizvolle Konstellation in Bezug auf das späte Leben, dass wir zwar insgesamt so wenig »Restlebenszeit« wie nie zuvor im Leben zur Verfügung haben, aber eben dennoch über reichlich Zeit im Alltag verfügen. Der große Lebensbogen ist nun spürbar abgekürzt, die alltägliche Zeit aber gewissermaßen zum ersten Mal seit vielleicht der Kindergartenzeit im Überfluss vorhanden. Eine wirklich spannende, vielleicht sogar brisante Mischung, aus der wir viel machen und herausholen können. Freut euch schon einmal aufs Alter, denn da habt ihr zum ersten Mal Zeit, könnten wir mit einem Schuss Ironie (die manchmal gar kein schlechter Ratgeber im Umgang mit dem Älterwerden ist) unseren Kindern und Kindeskindern mit auf den Weg geben. Wohlbefinden und positive Emotionen sind Domänen, in denen das höhere und sogar das hohe Lebensalter reichlich punkten können! Die entsprechenden Befunde der NAPs erklären wohl auch, dass die Rate an schweren Depressionen im Alter nicht höher ist als in früheren Lebensphasen.

Hinzu kommt noch ein anderer wichtiger Aspekt von Zeit. Altern ist ein relativ langsamer Prozess; wir sind nicht von einem Tag auf den anderen alt. Auch die mit dem Älterwerden verbundenen Veränderungen, etwa das Nachlassen unseres Sehens, Hörens oder der geistigen Leistungsfähigkeit, geschehen nicht von heute auf morgen, sondern über längere Zeiträume, oft viele Jahre hinweg. Das gibt alternden Menschen die Möglichkeit, sich eben über längere Zeiträume hinweg allmählich auf die neuen Gegebenheiten des Älterwerdens einzustellen. Zeit heilt alle Wunden, sagt der Volksmund. Das gilt in gewisser Weise auch für das Älterwerden.

In zwei viel zitierten theoretischen Modellen der NAPs verdichten sich die durch das Wohlbefindens-Paradox angeregten Forschungsfragen und Erklärungsmöglichkeiten in besonderer Weise. Der erste Ansatz ist das Modell der selektiven Optimierung mit Kompensation (das sogenannte SOK-Modell) der beiden Alternsforscher Paul und Margret Baltes (1990). Diese haben drei Prozesse beschrieben, deren orchestrierte Verwendung einen optimalen Ressourceneinsatz und somit eine erfolgreiche Entwicklung über die Lebensspanne begünstigt. Selektion bezeichnet dabei die Auswahl und Fokussierung auf eine Teilmenge potenzieller Entwicklungsmöglichkeiten. Optimierung meint die für die Aufrechterhaltung persönlich wichtiger Aktivitäten oder die für das Erreichen der ausgewählten Ziele notwendige Verbesserung von Ressourcen und Handlungsweisen. Kompensation zielt darauf ab, Entwicklungsverluste durch ausgleichende und stützende Strategien zu vermeiden oder zu verringern und so ein möglichst hohes Funktionsniveau aufrechtzuerhalten. Ein gutes Beispiel für die Umsetzung dieses Modells ist der große Pianist Arthur Rubinstein mit seiner musikalischen Entwicklung. Mit zunehmendem Alter ist Rubinstein in der Wahl seiner Konzertstücke immer selektiver geworden. Schwierigen, vor allem schnellen Passagen ist er begegnet, indem er die vorherigen Stellen etwas verlangsamt hat (Kompensation), sodass die nachfolgende vergleichsweise schnell klang, und war so weiterhin in der Lage, sein Spiel zu optimieren. Baltes und

Baltes sagen: In gewisser Weise sind die meisten alten Menschen »Rubinsteine«, denn sie haben gelernt, auf der Klaviatur des Lebens mit Hilfe von Selektion, Kompensation und Optimierung recht virtuos zu spielen. Und bewahren auf diese Weise ein hohes Wohlbefinden auch dann, wenn Verluste eintreten.

Das zweite Modell ist das der Stärken und Verletzlichkeiten des Älterwerdens, das die amerikanische Psychologin Susan Charles (2011) vorgeschlagen hat. Sie argumentiert einerseits, dass alte Menschen alles andere als »Fähnchen im Wind« sind, die schnell durch widrige Lebenserfahrungen und Verluste umgelenkt werden und ihre Lebensrichtung verlieren. Ganz im Gegenteil: Ältere sind sehr gut in der Herstellung und Bewahrung von alltäglichen Lebenswelten, die ihr Wohlbefinden und positive Emotionen unterstützen bzw. negative Emotionen unterdrücken. Man tut quasi alles dafür, dass ungute Erfahrungen und emotionale Missklänge gar nicht erst entstehen. Hierbei ist ausgesprochen hilfreich, dass ältere Menschen generell so gepolt sind, dass sie am liebsten überall das Positive im Leben sehen. Man spricht deshalb auch vom Positivitätseffekt des Alters, der in vielen Studien beobachtet worden ist. So erinnern ältere Menschen beispielsweise positive Gesichtsausdrücke deutlich besser als negative Gesichtsausdrücke. Diese Tendenz ist bei jüngeren Menschen weniger stark ausgeprägt.

Die Kehrseite dieser (fast) heilen Welt: Kommen negative Emotionen doch einmal durch (wenn etwa Auseinandersetzungen mit den eigenen Kindern als sehr stressend erlebt werden), dann können sie eine ganze Belastungskaskade auslösen, die schwer wieder herunterzuregulieren ist. Das gilt für die Ebene des Verhaltens ebenso wie für die Biologie;

man kommt aus der unguten Stimmung irgendwie nicht mehr heraus und auch die Körpersysteme spielen verrückt, lassen positive Emotionen nur mehr schwer entstehen, und man fühlt sich insgesamt »schwach und alt«. Hier liegt demnach eine sehr verletzliche Seite des Älterwerdens. Man könnte auch sagen: Psychische Widerstandsfähigkeit im Alter ist nicht ein Spezialphänomen einer kleinen Gruppe von privilegierten Älteren, sondern sie ist allgegenwärtig, der Normalzustand des Älterwerdens. Das sind sehr gute Nachrichten. Wenn die Schutzmechanismen allerdings doch einmal versagen, dann können negative emotionale »Schübe« ausgelöst werden, bei denen es längere Zeit dauern kann, bis man sie wieder im Griff hat.

Immer schon ein besseres Leben gehabt: Die Macht biografischer Erfahrungen. Am Ende dieses Abschnitts sei noch mit einem Eindruck aufgeräumt, der eventuell im Laufe des bislang Gesagten entstanden sein könnte: dass nämlich alle älteren Menschen über ein gleich hohes Wohlbefinden verfügen. Das ist mitnichten so. Mit dem Gesagten sollte lediglich zum Ausdruck kommen: Viele ältere Menschen schaffen es, das für sie im Laufe eines ganzen Lebens geschaffene Höchstmaß an Wohlbefinden auch im Alter zu stabilisieren. Aber das schließt deutliche Unterschiede im Wohlbefinden zwischen älteren Menschen keineswegs aus. Diese hängen zum Beispiel eng mit der Persönlichkeit zusammen. Gehört jemand eher zu jenen, die über einen emotional labilen Charakter verfügen (Persönlichkeitsforscher sprechen von Neurotizismus), dann ist es auch ziemlich wahrscheinlich, dass das Wohlbefinden insgesamt geringer ausgeprägt ist. Das sind dann Menschen, die sich schon mit 30 oder 40 Jahren schwergetan haben mit den Anforderungen des Lebens – und sie tun dies auch spät im Leben.

Und noch ein weiterer Aspekt spielt eine sehr wichtige Rolle, nämlich ob Menschen schon schlecht in ihr Leben gestartet sind. In einer sehr bekannt gewordenen Studie haben Schafer et al. (2011) mit Längsschnittdaten aus den USA gezeigt, dass Menschen, die bereits früh im Leben Benachteiligungen und traumatischen Bedingungen ausgesetzt waren, auch dann, wenn sie alt sind, ihre Lebenszufriedenheit deutlich ungünstiger bewerten als andere, die keine solch ungünstigen Erfahrungen früh im Leben gemacht haben. Was waren das für Erfahrungen? Dazu gehören beispielweise eine niedrigere Bildung der Eltern, die schlechte ökonomische Situation des Elternhauses, Gewalterfahrungen und Missbrauch, auch früher Tod eines Elternteils oder frühe Scheidung.

Hat man von Anfang an gute Startbedingungen, dann kann man im Laufe des weiteren Lebens immer mehr Gutes anhäufen: eine gute Ausbildung, einen guten Beruf, eine abgesicherte Familiensituation, ein höheres Gesundheitsbewusstsein, förderliche Lebensbedingungen und so weiter. Nicht ohne Grund kommt einem hier die berühmte Stelle aus dem Matthäus-Evangelium in den Sinn: »Wer hat, dem wird gegeben.« So steht man dann auch spät im Leben hinsichtlich seines Wohlbefindens oft besser da als andere mit weniger guten »Anhäufe-Möglichkeiten«. Und das ist durchaus nicht nur ökonomisch gemeint, sondern auch sozial, emotional und was grundlegende Werthaltungen dem Leben gegenüber betrifft. Was auch bedeutet: Das Wohlbefindens-Paradox ist das eine, die Unterschiede zwischen alternden Menschen, die sich über ihr gesamtes Leben hinweg entfaltet haben (oder eben nicht), sind auch wichtig.

Geistige Leistung und Lebenswissen: Genie und Weisheit

Was hat kognitives Altern mit »Genie« und »Weisheit« zu tun? Nun, es geht mir hier um einen sehr grundlegenden Aspekt mit Bedeutung auch für das Älterwerden. Ich beziehe mich dabei auf das 2015 auf Deutsch erschienene Buch Ewige Jugend des Literaturwissenschaftlers Robert Pogue Harrison, das auch für die NAPs sehr spannende Gedanken enthält.

Auf der einen Seite sehen wir nach Harrison in der Menschheitsgeschichte ein sich fortwährend ausagierendes menschliches »Genie«, das neue und weitreichende Erfindungen macht und den eigenen Geist mit Schnelligkeit und Effizienz in der Verarbeitung von komplexen Informationen und Problemen immer wieder zu neuen Ufern führt. Es spricht einiges dafür, dass dieses Genialische im Hinblick auf unsere individuelle Entwicklung eher die Domäne des jungen Erwachsenenlebens ist bzw. den kognitiven Möglichkeitsraum der ersten Lebenshälfte widerspiegelt.

Andererseits meinen weisheitsbezogene Leistungen eher das tiefe Durchdringen von Lebensproblemen und überhaupt das Sich-Einlassen auf grundlegende Lebensfragen. Diese sind eher das Terrain und der kognitive Möglichkeitsraum der zweiten Lebenshälfte und des höheren Lebensalters. Wir haben es also mit einer tiefreichenden Zweiteilung kognitiver Lebenskompetenz zu tun, die unsere Existenz aber zugleich wechselseitig ergänzt und bereichert. Sie wird uns in diesem Kapitel auch in Bezug auf das kognitive Altern begegnen.

Für die Alltagsrealität älterer Menschen heißt das: Auch

wenn unser »Genie« in der zweiten Hälfte des Lebens zunehmend unter Druck gerät, sollten wir dennoch nicht davon ausgehen, dass wir unsere kognitive Leistungskraft im Zuge des Älterwerdens komplett verlieren. Einen Teil ja, aber nicht den größeren. Wäre das anders, dürften wir eigentlich nur auf alte Menschen treffen, die andauernd stürzen, in Autounfälle verwickelt sind, ihren alltäglichen Anforderungen nicht gewachsen sind, falsche Alltagsentscheidungen treffen und insgesamt sehr rasch dement werden.

Doch das Gegenteil ist der Fall. Alte Menschen bewältigen ihren Alltag selbst im hohen Alter überwiegend nicht nur emotional gut, sondern auch kognitiv. Wie das? Schließlich hat die kognitive Altersforschung der NAPS doch eines immer wieder gezeigt: Ältere Menschen sind in Labortests Jüngeren hoffnungslos unterlegen, wenn es um Schnelligkeit der Informationsverarbeitung, Arbeitsgedächtnis und effizientes Problemlösen geht. Die Frage aber ist: Wie konnte die NAPs nur so tief in die wissenschaftliche Falle der völligen Dekontextualisierung des Alterns tappen? Denn, das wurde nun schon mehrfach betont, gerade das Alter ist sehr abhängig von stabilisierenden, kompensierenden und anregenden Umweltbedingungen. Nehmen wir diese experimentell weg, bricht die kognitive Leistung von alten Menschen zusammen.

Das wird nun auch zunehmend in der NAPs erkannt: Unser kognitives System verliert über die Lebensspanne hinweg an Funktionsfähigkeit, aber dieser Prozess beginnt schon gegen Ende des dritten Lebensjahrzehnts. Allerdings haben wir eben auch sehr viel Zeit im Leben, uns darauf einzustellen. Zudem werden wir von Generation zu Generation immer schlauer (der sogenannte Flynn-Effekt) –

und das sehen wir auch bei alten Menschen. Auch sind die kognitiven Leistungsunterschiede zwischen alten Menschen riesig, und das heißt, dass es bedeutsame Untergruppen gibt, die relativ wenig kognitive Einbußen zeigen und eher stabil bleiben. Sie sind im Grunde kognitiv so gut, wie sie es mit 40 oder 50 Jahren waren.

Ferner erkennen wir in alltagsnahen Forschungsdesigns, d.h. unter Wahrung der Welt, in der Ältere tatsächlich leben, immer deutlicher, wie stark kognitives Funktionieren von anderen Menschen abhängt. Ältere Menschen, auch der alternde Geist und das alternde Genie, sind eben keine Inseln. Und schließlich bestimmen auch motivationale und emotionale Faktoren kognitive Leistungen, vor allem Bestleistungen, in signifikanter Weise mit. Es gibt keine »rein« kognitiven Vorgänge und Prozesse, erst recht nicht im Alter. Dennoch legen sich Schatten über diese Erfolgsgeschichte: Sehr spät im Leben werden unsere kognitiven Ressourcen in der Tat deutlich schwächer, und dies erkennen wir vor allem in einer Distanz-zum-Tod-Betrachtung (dazu vor allem dann Kapitel 4).

Unterschiedliche kognitive Leistungen und ein unterschiedliches Verlaufsmuster vom jungen Erwachsenenalter bis zum Alter. Viele denken, wenn es um geistige Leistungen im höheren Alter geht, gleich an Demenz. Das ist allerdings eine eklatante Verletzung von Prinzip 4 der NAPs, nämlich der wichtigen Unterscheidung zwischen krankhaften Alternsprozessen und Prozessen des normalen Alterns. Uns geht es hier vor allem um das dominierende und normale Bild des kognitiven Alterns – und das hat zwar auch mit Demenzprozessen zu tun, ist aber keinesfalls mit diesen gleichzusetzen. Die meisten von uns werden bis zu ihrem Tod von Demenz verschont bleiben, aber dennoch kognitiv merklich altern.

Kognitive Entwicklung im Alter wird heute in der NAPs oft mit Hilfe des Zwei-Komponenten-Modells der Intelligenz empirisch untersucht, das eine mechanische und eine pragmatische Komponente unterscheidet (siehe Tabelle 1).

Tabelle 1: Unterscheidung zwischen Mechanik und Pragmatik der Intelligenz

	Mechanik	Pragmatik
Beispiel	Verarbeitungsgeschwindigkeit und -genauigkeit, Arbeitsgedächtnis, Koordination elementarer Verarbeitungsprozesse	Lese- und Schreibfähigkeit, Ausbildung, alltägliches Problemlösen, selbstbezogenes Wissen, Lebenserfahrung
Inhalt	Inhaltsarm	Inhaltsreich
Basis	Stark genetisch bestimmt und auf biologischem Substrat aufbauend	Stark erfahrungsabhängig und umwelt- und kulturinformiert

Zahlreiche Studien haben mittlerweile ergeben, dass sich die mechanische Komponente der kognitiven Leistung etwa bis zum 20. Lebensjahr zu ihrem Maximum aufbaut und bereits danach langsam, aber stetig abnimmt (siehe Abbildung 5).

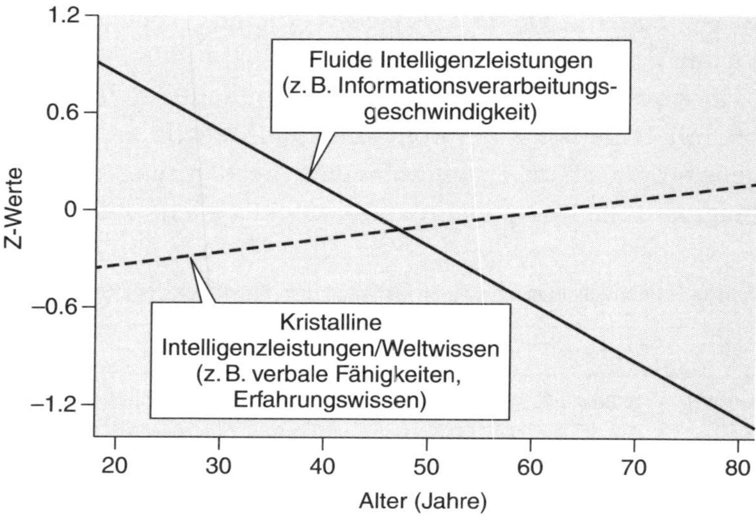

Abb. 5: Verlauf von mechanischen und pragmatischen kognitiven Fähigkeiten

Man erkennt in Abbildung 5 unmittelbar einen bedeutsamen Rückgang der mechanischen kognitiven Leistungen zwischen dem 20. und 80. Lebensjahr. In Bezug auf die gewählte Messeinheit auf der Y-Achse (sog. Z-Werte, anhand derer sich die beiden untersuchten unterschiedlichen kognitiven Leistungsbündel direkt miteinander vergleichen lassen) geht die Mechanik in der untersuchten Altersspanne um etwa 2 Punkte zurück, was in der Z-Werte-Metrik zwei Standardabweichungen entspricht. Das ist nicht wenig. Die pragmatische Komponente der geistigen Leistungsfähigkeit baut sich hingegen früh im Leben langsam auf und nimmt bis zum 80. Lebensjahr mit etwa 0,5 Standardabweichungen sogar noch etwas zu. Leider haben allerdings die meisten Studien bislang ältere Menschen nur etwa bis 80 Jahre untersucht bzw. es waren zu wenige hochaltrige Menschen in den Stichproben vertreten, um robuste Aussagen zum Verlauf der kognitiven Leistung im sehr hohen (Vierten und Fünften) Alter treffen zu können.

Wie Abbildung 5 auch zeigt, erfahren Menschen im mittleren Alter nur einen sehr moderaten »Abbau« in der Mechanik der kognitiven Leistungsfähigkeit und gleichzeitig einen »Anstieg« der Pragmatik. Das ist vor allem für die immer wieder aufflammende Diskussion über die angeblich nicht mehr leistungsfähigen »älteren« Arbeitnehmerinnen und Arbeitnehmer von großer Relevanz. Sie sind zwar langsamer in der Informationsverarbeitungsgeschwindigkeit; aber sie haben eben auch eine Menge Erfahrung in ihrer jeweiligen Beschäftigungsdomäne.

Eine deutsche Studie mit ausreichend vielen Untersuchten auch im sehr hohen Alter bis über 100 Jahre ist die Berliner Altersstudie, die in den 1990er-Jahren mit einer Stichprobe der Westberliner Bevölkerung durchgeführt wurde. Hier fand sich, wie erwartet, ein weiterer Rückgang der Mechanik der kognitiven Leistung jenseits von 80 Jahren. Allerdings war in der Berliner Altersstudie bei den Hochaltrigen auch ein Rückgang in der Pragmatik festzustellen. Das liegt wahrscheinlich daran, dass eben auch pragmatische Leistungen ein gewisses Maß an mechanischer Kognitionsleistung benötigen, um voll funktionsfähig zu bleiben.

Doch nun kommt wieder ein großes »Aber«: Die »Abbauprozesse« in der geistigen Leistungsfähigkeit der Älteren und selbst der hochaltrigen Menschen lassen sich in deren alltäglicher Welt meist relativ gut ausgleichen und bringen damit für die überwiegende Zahl der Betroffenen keine bedeutsamen Alltagsverhaltenseinbußen mit sich. Wie das?

Ältere als Weltmeister im alltäglichen Kompensieren und Abgründe der reinen Laborforschung. Erfindungsreiche Kompensationen älterer Menschen sind uns bereits beim »SOK«-Modell unter dem Motto »Wir alle sind Rubinsteine« begegnet. Was machen ältere Menschen alles, um trotz ihrer Verluste im Bereich der Mechanik der Intelligenz weiterhin gut zu funktionieren? Ältere handeln z. B. generell langsamer, und dies sollte man nicht nur als Defizit, sondern auch als Anpassung sehen. Die Entdeckung der Langsamkeit und die Entschleunigung werden ja heute vielfach als anzustrebende Tugend betrachtet – die Älteren leben sie uns vor! Ältere können zudem auf viele Routinehandlungen zurückgreifen, die auch bei nachlassenden kognitiven Ressourcen gut funktionieren: spazieren gehen, einkaufen, kochen, handarbeiten, Zeitung lesen, fernsehen, sich miteinander unterhalten, im Chor singen, die Enkel betreuen.

Ältere vereinfachen auch oftmals ihre »Welt«: Sie nutzen etwa nur noch das untere Stockwerk ihres Hauses, gehen immer in denselben Supermarkt einkaufen, fahren an denselben Urlaubsort. All dies »spart« kognitive Energie und ist damit ausgesprochen adaptiv.

Ältere Paare stützen sich nicht zuletzt auch gegenseitig sehr effizient in ihren kognitiven Leistungen. Was der eine vergessen hat, kann der andere memorieren. Es gibt heute z. B. sehr spannende Befunde der NAPs aus sehr alltagsnahen Studien, die detailliert aufzeigen, wie alternde Ehepaare durch gegenseitige Stimulation und Kompensation ihre intellektuelle Leistungsfähigkeit interaktiv aufrechterhalten; Laborstudien haben demgegenüber hier vor allem Abbauprozesse des Alterns dokumentiert, wahrscheinlich deshalb, weil ältere Menschen im Labor aller ihrer Hilfsmittel und sozialen Bedingungen beraubt werden, die eigentlich im Alltag gut funktionieren. Nicht nur aus diesem Grund sollten wir mit der Unzahl an experimentell angelegten Laborstudien, in denen Ältere mit sehr viel jüngeren Menschen verglichen werden, sehr vorsichtig umgehen.

Die alten und jungen Menschen in solchen kognitiven Vergleichsstudien entstammen zudem völlig unterschiedlichen Kohorten (Prinzip 8 der NAPs: Prägung von Altern auch durch historische Erfahrungen); so haben die Älteren zum Beispiel deutlich schlechtere Bildungsprozesse erfahren. Auch sind die Jüngeren in derartigen Studien mit den oftmals eingesetzten Computern sehr viel stärker vertraut als die Älteren. Und schließlich hat bereits Kapitel 2 gezeigt, dass gerade bei kognitiven Testungen negative Altersstereotype schnell ausgelöst werden, was dann die Nutzung eines Teils der eigentlich möglichen Leistungsreserve unmöglich macht. Das alles soll nicht bedeuten, dass Ältere kognitiv genauso gut sind wie Jüngere! Dem ist nun wahrlich nicht so. Aber die Größenordnung der Unterschiede sollte mit großer Vorsicht und Umsichtigkeit interpretiert werden.

Eine Lebensspannensicht auf geistige Entwicklung – immer schon schlau gewesen? Der römische Politiker und Philosoph Cicero hat sich schon 44 v. Chr. in seiner Schrift Cato der Ältere über das Greisenalter an dem Nachweis versucht, warum das sogenannte »Elend des Alters« eigentlich gar kein Elend, sondern etwas durchaus Erfolgreiches darstellt. So schreibt Cicero etwa, man müsse die vielfach bereits im alten Rom getroffene Aussage »Aber das Gedächtnis nimmt ab« differenziert betrachten: »Nun ja, wenn man nicht übt, oder auch, wenn man von Natur etwas langsam im Kopf ist.« Cicero nimmt hier bereits neuere Befunde der NAPs sehr treffend vorweg. Insbesondere der schottische Intelligenzforscher Ian Deary (Deary et al. 2004) konnte mit seinen Längsschnittdaten zeigen, dass kognitive Leistungsunterschiede bei Elfjährigen Unterschiede im Alter von 80 Jahren sehr gut vorhersagen können. Auch konnte Deary zeigen, dass eine relativ höhere Intelligenz in der Kindheit statistisch bedeutsam (bei Kontrolle von anderen Störvariablen wie Unterschieden bei im Lebenslauf aufgetretenen Krankheiten) mit längerem Überleben spät im Leben verknüpft ist.

Welche Entwicklungen könnten hier eine Rolle spielen? Wir starten früh im Leben mit einer bestimmten Ausprägung an Intelligenz, die in starkem Maße (aber keinesfalls ausschließlich) genetisch bestimmt ist. Diese Unterschiede in der geistigen Leistungsfähigkeit von Kindern setzen sich dann in der Jugendzeit, im jungen Erwachsenenalter, im mittleren und späten Erwachsenenalter immer weiter fort. Schlauere Kinder werden mit einer bedeutsamen Wahrscheinlichkeit auch eher eine höhere Schulbildung durchlaufen und diese erfolgreich abschließen; sie werden sich mit einer höheren Wahrscheinlichkeit einen hochwertigen Beruf sowie einen schlauen Partner suchen. Solche »Leistungen« gehen häufig mit höherer Gesundheit (z. B. körperlich weniger beanspruchende Berufswege) und einem besseren Gesundheitsverhalten (z. B. Vorsorgeuntersuchungen, körperliche Bewegung) sowie einem insgesamt weniger risikoreichen Lebensstil (z. B. weniger Rauchen und Alkoholgenuss) einher. Und am Ende resultiert daraus dann ein längeres Leben insgesamt. Erneut kann uns hier das »Matthäusprinzip« einfallen: Wer hat, dem wird gegeben.

Ähnliche Vorstellungen finden sich übrigens auch in der Forschung zu demenziellen Erkrankungen. Hier wurde das Konzept der kognitiven Reserve entwickelt, das die Diskrepanz zwischen fortgeschrittener Hirnschädigung und geringen kognitiven Verlusten erklären soll. Demnach gibt es neben einer anatomischen auch eine kognitive Reserve, die im Laufe des Lebens vor allem durch Ausbildung, Anregungsgehalt des Berufs und Art der Freizeitaktivitäten aufgebaut wird. Treten nun spät im Leben erste hirnorganische Veränderungen mit Auswirkungen auf die kognitive Leistung auf, dann können Menschen mit relativ höherer kognitiver Reserve diesen Veränderungen länger widerstehen als solche ohne eine solche Reserve. Sie bleiben länger als andere kognitiv relativ leistungsfähig. Es bleibt festzuhalten: Kognitive Veränderungsprozesse im Alter sind multidirektional, gehen also durchaus in unterschiedliche Richtungen von Verlust bis Stabilität (Stabilität kann auch Gewinn sein!); zudem können kognitive Verluste im Alltag oft deutlich abgefedert und kompensiert werden, sodass ein »normales« Alltagsleben für lange Zeit möglich bleibt.

Kognitive Leistungen im Alter führen keine Inselexistenz. Kognitive Leistungen führen kein Inseldasein, sondern sie sind, wie auch alle anderen Alternssysteme, die wir in diesem Buch behandeln, eingebettet in das Gesamtsystem Mensch. Man könnte auch etwas gestelzter sagen: Kognitive Entwicklung im Alter bedarf einer inter-systemischen Sichtweise. Da ist natürlich die neurobiologische Ebene; es kann gar kein Zweifel daran bestehen, dass nachlassende Leitgeschwindigkeiten von Neuronen und von synaptischen Verbindungen in unserem Gehirn im Zuge biologischer Alternsprozesse viel mit dem Nachlassen von kognitiven Leistungen im Alter zu tun haben. Aber auch hier ist die eigentlich spannende Frage: Wieso ist das alles nicht viel schlimmer mit dem kognitiven Altern, wenn sich unser Gehirn, vor allem der für die höhere und komplexe Informationsverarbeitung zuständige Frontallappen unseres Gehirns, mit dem Älterwerden in seiner Bio-Leistungskraft deutlich verändert? Eine Antwort – nicht die einzige, aber eine wichtige – hat die amerikanische Kognitionsforscherin Denise Park in ihrer Gerüsttheorie (»Scaffolding«) kognitiven Alterns geliefert. So zeigt sie beispielsweise, dass das alternde Gehirn andere Bereiche, die ursprünglich gar nicht für die kognitive Informationsverarbeitung genutzt wurden, im Zuge des Älterwerdens neu »rekrutieren« kann. Auch in ihren Augen besteht das Erstaunliche an der Entwicklung der geistigen Leistung eher darin, dass vieles so lange relativ stabil bleibt.

Dass kognitive Entwicklung in vielerlei Zusammenhänge eingebunden und multifaktoriell bedingt ist, zeigen auch die großen kognitiven Leistungsunterschiede zwischen alternden Menschen. Sie finden sich auf allen chronologischen Altersstufen, etwa bei den 70-, 80- und 90-Jährigen; chronologisches Alter ist demnach überhaupt kein guter Indikator für kognitives Funktionieren. Natürlich sind es auch in bedeutsamem Maße die unterschiedlichen genetischen Ausstattungen, die sich schon früh im Leben in unterschiedlichen Intelligenzleistungen von Kindern zeigen. Aber dieser Einfluss, so fanden neueste Zwillingsstudien der NAPs heraus, in denen der Anteil der genetischen Bedingtheit der kognitiven Leistung bei alt gewordenen Zwillingen abgeschätzt werden kann, geht mit zunehmendem Lebensalter eher zurück. Man erklärt sich das damit, dass die Evolution vor allem an der andauernden Optimierung des Genoms in Bezug auf die Reproduktionsfähigkeit der Spezies Mensch interessiert ist, nicht so sehr daran, was in der post-reproduktiven Phase geschieht.

Daneben müssen eine ganze Reihe von Faktoren in Rechnung gestellt werden, um die großen Unterschiede bei der geistigen Leistung spät im Leben zu erklären. In Tabelle 2 sind die wichtigsten aufgelistet:

Tabelle 2: Einflussfaktoren auf die Entwicklung der geistigen Leistungsfähigkeit über die Lebensspanne bis ins hohe Alter

In starkem Maße selbst kontrollierbar	Eher nicht so gut selbst kontrollierbar
• Sich immer wieder eine kognitiv anregende Umwelt schaffen • Einen kognitiv anfordernden Beruf ausüben • Sich körperlich ein Leben lang viel bewegen • Sich ein Leben lang weiterbilden • Sich einen kognitiv anregenden Partner suchen • Sich immer wieder neuen Aufgaben stellen • Sich um kognitive Trainings kümmern • Negativen Altersstereotypen widerstehen	• Krankheiten (z. B. Herz-Kreislauferkrankungen) • Frühe Bildungsprozesse • Allgemeine Alterungsprozesse des Gehirns • Genetische Ausstattung

Wie Tabelle 2 zeigt, sind viele Einflussfaktoren in Bezug auf den Erhalt der kognitiven Leistung zumindest bis zu einem gewissen Grade von uns selbst steuerbar und gestaltbar. Wir können gewissermaßen an vielen Schrauben selbst drehen, auch wenn wir andere Schrauben (vor allem die allgemeinen Alterungsprozesse des Gehirns) nicht verstellen können. Bildungsprozesse früh im Leben, über die wir ebenfalls nicht sehr viel Kontrolle haben, können, wenn sie hochwertig sind, zur späten Stabilität kognitiver Leistung beitragen (vgl. den Ansatz der kognitiven Reserve) oder, wenn sie nicht so hochwertig sind, später zu einer höheren kognitiven Verletzlichkeit führen.

Insgesamt lässt sich in Bezug auf die kognitive Entwicklung konstatieren: Der deutliche Rückgang der geistigen Leistungsfähigkeit im Alter ist zwar eine Art Gemeinplatz über das Älterwerden. Hier scheint Altern als eine Verlustgeschichte unmittelbar evident zu sein – jeder kann es angeblich bei Älteren sehen und spüren. Doch nicht alles geht hinsichtlich kognitiver Leistung in den Keller, unsere Lebensexpertise wächst bis weit ins Alter hinein an und kommt erst sehr spät im Leben unter Druck. Auch sind die Unterschiede in der geistigen Leistung zwischen alten Menschen sehr ausgeprägt. Einige Ältere haben sogar in ihrem gesamten (langen) Erwachsenenleben kaum kognitive Verluste erfahren (man denke an Personen des öffentlichen Lebens wie z.B. Helmut Schmidt). Und keineswegs ist die geistige Leistung spät im Leben nur Ausdruck eines zurückgehenden biologischen Hirnsubstrats oder einer ungünstigen genetischen Ausstattung. Erstaunlich ist vielmehr, was alles an geistigen Leistungen relativ stabil bleibt, wenn wir einen flexiblen Stabilitätsbegriff anlegen. Absolute Stabilität gibt es nirgends in der Natur. Zudem sind viele Unterschiede in der kognitiven Leistung spät im Leben bereits zu einem sehr bedeutenden Teil zu Beginn der Adoleszenz relativ festgelegt. Damit müssen wir dann den Rest unseres Lebens, nicht nur unseres späten Lebens (Alterns) leben. Und schließlich: Erfahrungsbezogene und auch motivationale Faktoren sind gerade bei Älteren für kognitive Leistungen sehr bedeutsam. Wenn ich mich als älterer Mensch für leistungsfähig halte, dann bin ich es auch tatsächlich in stärkerem Maße. Auch hier kommen wieder Altersbilder und -sichtweisen stark ins Spiel. Zudem sind alte Menschen in ihrem Leistungsverhalten in ihren Alltagsökologien sehr viel besser als im »Labor«. Insofern können die Verfechter einer Erfolgsgeschichte des Älterwerdens auch in Bezug auf die kognitiven Leistungen doch zumindest vorsichtig frohlocken.

Soziale Beziehungen und Einsamkeit

Soziale Beziehungen gehören zu den grundlegenden motivationalen Bestrebungen des Menschen, zum Wichtigsten in unserem Leben. Gleichzeitig regt sich in vielen von uns, wenn wir an unser Alter denken, die Angst, total zu vereinsamen. Und in der Tat ist das Thema Einsamkeit im Alter in den Medien sehr beliebt. Es wird nicht selten als »die« Realität des höheren Lebensalters stilisiert. Doch das stimmt nicht. Eine der wesentlichsten Erkenntnisse der NAPs besagt nämlich, dass soziale Beziehungen bis ans Lebensende funktionieren, vor allem jene im Bereich der sehr nahen und intimen Kontakte. Alte Menschen sind überaus gut darin, die ihnen besonders wertvollen Beziehungen zu erhalten – zu hegen und zu pflegen. Auch Krankheiten, langandauernde Funktionseinbußen oder gar Demenz, können dem grundsätzlich nur wenig anhaben. Es gelingt Älteren im Allgemeinen sehr gut, Konflikte im sozialen Bereich zu vermeiden und in ihren sozialen Beziehungen so weit wie möglich das Gute und Positive zu sehen – und anderes möglichst auszublenden. Soziale Beziehungen sind zudem sehr bedeutsam, wenn es um die Aufrechterhaltung von Selbstständigkeit, Funktionalität und Gesundheit geht.

Doch es gibt auch eine Kehrseite: Frauen etwa müssen aufgrund ihrer deutlich längeren Lebenserwartung sehr viel häufiger als Männer ohne einen noch lebenden geliebten Partner sterben; Verwitwung ist vor allem eine weibliche Angelegenheit. Auch die Pflege eines Angehörigen, vor allem von älteren Menschen mit Demenz, geht mit schwerwiegenden Risiken bis hin zu frühzeitiger Verrentung, Depressivität und verkürzter Lebenszeit einher.

Sozio-emotionale Selektivität – eine Theorie macht Furore. Eine Theorie samt zugehörigen Forschungen hat es in den zurückliegenden 25 Jahren in der NAPs zu besonders hoher Anerkennung gebracht: die Sozio-emotionale Selektivitätstheorie (SST), entwickelt von Laura Carstensen aus Stanford. (Alterns-)Theorien sind ja immer dann intellektuell besonders anregend, wenn sie bereits seit längerer Zeit existierende und eigentlich schon akzeptierte Sichtweisen in einem neuen Licht erscheinen lassen, vielleicht gar so etwas wie einen Gestalt-Wechsel bei der Betrachtung des Älterwerdens auslösen (man denke an Vexierbilder, die einmal so, dann wieder ganz anders wahrgenommen werden können). Genau das kann die SST auf beeindruckende Art und Weise.

Ein fast revolutionärer Gedanke der SST ist nämlich die Idee, dass dem chronologischen Alter an sich nur ein sehr begrenzter Stellenwert zukommt, wenn es um die Erklärung von typischen Alternsphänomenen wie der Verkleinerung des sozialen Kontaktnetzes geht. Und diese Tatsache ist unbestritten: Unsere sozialen Netzwerke werden immer kleiner, je älter wir werden. Die Frage ist, wie dies zu interpretieren ist. Manche haben behauptet, darin würde sich vor allem eine Rückzugstendenz der alternden Person spiegeln: Das Leben ist nun vorbei, ich sollte mich langsam, aber sicher von der sozialen Bühne des Lebens verabschieden. Die SST sagt: Weit gefehlt. Carstensen behauptet vielmehr erstens, dass es nicht das kalendarische Alter, sondern die gegenüber früheren Lebensphasen deutlich verkürzte Zukunftsperspektive ist, die die alternsbezogene Verkleinerung des sozialen Netzwerks antreibt. Wir wollen bei einem Leben, dessen Zukunftsperspektive sich immer weiter verkürzt, gar nicht mehr so viele Sozialkontakte. Sie argumentiert zum Zweiten, dass dies in enger Verbindung mit einer im Laufe des Lebens sich verändernden motivationalen Ausrichtung steht: Während vor allem in Phasen des jungen Erwachsenenalters die Informationsfunktion sozialer Beziehungen in hohem Maße bedeutsam ist bzw. für die Entwicklung gebraucht wird (man will z. B. etwas von einer anderen Person erfahren, sich selbst in den Reaktionen anderer Menschen erleben), werden im höheren Alter Beziehungselemente wie menschliche Nähe, Intimität und Vertrauen immer wichtiger. Die SST geht sogar noch einen Schritt weiter und prognostiziert, dass jüngere Menschen generell in der alltäglichen Auseinandersetzung mit ihrer Umwelt Wissenserweiterung präferieren, während bei älteren Menschen emotional getönte Erfahrungen bedeutsamer sind.

Beispiel: Die Studie von Fung und Carstensen (2003)

Ein sehr bekanntes Experiment (Fung & Carstensen 2003) zur SST lief folgendermaßen ab. 80 jüngeren Menschen (18–37 Jahre) und 84 älteren Menschen (55–85 Jahre) wurden jeweils fiktive Werbeplakate einer ebenso fiktiven Firma für Fotokameras gezeigt, die sich folgendermaßen unterschieden (siehe auch die Abbildungen rechts): Bei den einen Werbeanzeigen wurden vor allem in deutlich sichtbarer Überschrift Emotionen angesprochen (»Capture those special moments«; etwa: Halten Sie Ihre schönsten Momente fest); bei den anderen ging es um die Erweiterung des eigenen Wissens (»Capture the unexplored world«; etwa: Halten Sie die unentdeckte Welt fest). Bei der neutralen Variante fehlte die Überschrift. Mit Ausnahme der unterschiedlichen Bildüberschriften war also alles andere auf den Plakaten gleich.
Eine der Fragestellungen der Studie lautete nun, welche Werbebotschaften von welcher Altersgruppe besser erinnert werden. Der SST zufolge wäre demnach zu erwarten, dass die älteren Menschen in deutlich stärkerem Maße die emotional gestalteten Werbebotschaften erinnern, während die Jüngeren deutlich häufiger die wissenserweiternden Werbungen im Gedächtnis behalten. Bei den neutral gehaltenen Plakaten sollte es keinen Unterschied zwischen den Jüngeren und den Älteren geben.
Genau dies zeigte sich in der Tat in dieser Studie recht deutlich! Die Interpretation vor dem Hintergrund der SST lautet: Die emotionalen Botschaften passten besser zu der von der SST vorhergesagten stärkeren motivationalen Tendenz bei älteren Menschen, nämlich emotional getönte Erfahrungen zu präferieren – und wurden aus diesem Grund auch besser erinnert. Bei den Jüngeren hat das Bedürfnis nach Informationssuche eine hohe Bedeutung und deshalb wurden hier die Bilder mit der Wissenserweiterungsbotschaft häufiger erinnert.

Abb. 6

Diese Kernüberlegungen der SST haben nun zwei bedeutsame Implikationen. Erstens ist die Verkleinerung des sozialen Netzwerks im höheren Alter nicht als Rückzugstendenz zu verstehen, sondern als proaktive Regulation der eigenen Sozialbeziehungen bis ins höchste Alter: Wenn wir älter werden, investieren wir aktiv in den Erhalt von uns besonders bedeutsamen Beziehungen und überhaupt in emotional bedeutsame Erfahrungen. Das soziale Netzwerk spät im Leben wird deshalb gegenüber unserem früheren zwar kleiner, aber wir sorgen gleichzeitig dafür, dass die Anzahl emotional bedeutsamer Sozialpartner gegenüber unserem früheren Leben relativ stabil bleibt. Das ist nichts anderes als eine zentrale Anwendung von Prinzip 5 der NAPs (menschliche Entwicklung bis ins höchste Alter auch selbst gestaltbar).

Wenn zweitens die Grundüberlegung der SST stimmt, wonach die Verkürzung der Zukunftsperspektive und nicht das kalendarische Alter für die menschliche Entwicklung und für unser Erleben bedeutsam sind, dann könnten wir durch entsprechende Manipulationen eventuell junge Menschen »alt« und alte Menschen »jung« machen bzw. es könnte Situationen geben, in denen sich Alte wie Junge und Junge wie Alte fühlen und verhalten. Das ist inzwischen tatsächlich in vielen Studien bestätigt worden. Gelingt es in experimentell angelegten Studien beispielsweise, dass ältere Menschen sich intensiv auf die Vorstellung einlassen, es sei ein deutlich lebensverlängerndes Medikament gefunden worden (die Zukunftsperspektive wird wieder länger), dann zeigen sie auch wieder die sonst nur für jüngere Menschen typischen sozialen Präferenzen (z. B. neue Menschen kennenlernen). Umgekehrt verhalten sich jüngere Menschen in schwierigen Situationen wie etwa einer lebensbedrohlichen Erkrankung (verkürzte Zukunftsperspektive) wie Ältere und konzentrieren sich vor allem auf emotional wichtige Personen in ihrem sozialen Umfeld.

Die SST hat ihren Geltungsbereich im Laufe der Zeit bzw. im Lichte neuer Befunde zudem immer weiter ausgedehnt. Ihre Prognose etwa, dass es aufgrund einer verkürzten Zukunftsperspektive im höheren Alter zu einem Positivitätseffekt kommt, ist immer wieder bestätigt worden. Der Positivitätseffekt wiederum hat weit über die NAPs hinaus auch in andere Disziplinen ausgestrahlt: Er ist z. B. im Bereich der Ökonomie für Kaufentscheidungen älterer Menschen wichtig (was fördert unmittelbar mein emotionales Wohlbefinden?). Doch er birgt auch die Rosa-Brillen-Gefahr: So scheint es so zu sein, dass Ältere häufig die unguten Seiten einer krankhaften Entwicklung gar nicht hören wollen – und sich damit möglicherweise Behandlungs- und Rehabilitationsmöglichkeiten selbst vorenthalten. Wenn beispielsweise ältere Menschen, wie etwa in unseren Studien zu Sehbeeinträchtigten, vom Augenarzt hören, dass für ihre Makuladegeneration leider keine wirksame Therapie zur Verfügung steht, kann es durchaus vorkommen, dass sie am liebsten gar nichts mehr von alledem wissen möchten – auch nicht von anderen Hilfsangeboten wie Gesprächsgruppen oder Mobilitätstrainings. Der Positivitätseffekt überstrahlt gewissermaßen verfügbare Möglichkeiten und lässt diese damit nicht zum Zuge kommen.

Die »Potenz« des Positivitätseffekts ist dabei wohl auch darin begründet, dass er neurobiologische Grundlagen besitzt. So wurde in Studien mit bildgebenden Verfahren (funktionale Magnetresonanz-Tomografie, fMRT, welche die Aktivierung in unterschiedlichen Gehirnregionen abbilden kann) herausgefunden, dass Positivität auch mit einem bei jüngeren und älteren Menschen unterschiedlichen Erregungsverhalten der Amygdala (einer für Emotionsregulation wichtige Region unseres Gehirns) zusammenhängt. Bei positiven Bildinhalten war das Erregungspotenzial in der Amygdala von älteren Menschen höher als bei Jüngeren.

Insgesamt erfüllt die SST damit zentrale Kriterien einer fruchtbaren Theorie der NAPs: Sie ist innovativ und erlaubt eine Neuinterpretation von »alten Befunden« (es gehört zur Natur des Älterwerdens, dass wir uns zurückziehen), sie relativiert stark die Bedeutung des chronologischen Alters (die Zukunftsperspektive ist wichtiger), und sie besitzt auch eine Reihe von praktischen Anwendungen (z. B. im Hinblick auf Kaufentscheidungen und den Umgang mit Gesundheit).

Beziehungsqualitäten messen – wie wird's gemacht? Wie kann die NAPs Beziehungsqualitäten messen? Jeder alte Mensch wird schon wegen des Positivitätseffekts sagen: Alles paletti bei mir! Das stimmt aber nicht. Eine wichtige Frage geht nämlich dahin, wie soziale Netze bei älteren Menschen überhaupt aufgebaut sind bzw. durch welche emotionalen Merkmale sie sich auszeichnen. Hier hat sich ein Vorgehen bewährt, das nicht einfach nur offen fragt, auch nicht alle möglichen sozialen Beziehungen »abklappert«, sondern einen interessanten Mittelweg einschlägt – die sogenannte Kreistechnik der beiden Forscher Kahn und Antonucci (1980; siehe Abbildung 6).

Ein geschulter Interviewer bittet dabei die ältere Zielperson darum, sich selbst ins Zentrum der Kreise zu setzen und gewissermaßen von dieser »Beobachter-Position« aus im Geiste auf ihre sozialen Beziehungen zu schauen. Danach sollen jeweils für die unterschiedlichen Kreise passende Personen aus dem eigenen sozialen Netzwerk benannt werden bzw. diese werden vom Interviewer in die entsprechenden Kreise eingetragen. So entsteht ein Bild des sozialen Netzwerks, das einerseits die Berechnung der Anzahl von Personen in den einzelnen Kreisen erlaubt; gleichzeitig sind die genannten Personen durch Zuteilung zu den jeweiligen Kreisen hinsichtlich ihrer emotionalen Bedeutung qualifiziert.

Abb. 7: Kreistechnik zur Erhebung des sozialen Netzwerks

Wenn Sie wollen, führen Sie die Kreistechnik auch einmal mit sich selbst durch und vergleichen die Ergebnisse dann mit wissenschaftlichen Befunden bei Älteren. So haben wir in einer Studie mit 150 normal alternden über 75-Jährigen die folgenden Häufigkeiten gefunden: sehr eng verbunden: 5,2 Personen; eng verbunden: 3,3 Personen; weniger eng verbunden, aber wichtig: 1,8 Personen.

Nun sagen allerdings Häufigkeiten, auch qualifiziert nach Beziehungsnähe, noch nichts darüber aus, ob man sich einsam fühlt oder nicht. Einsamkeit darf auch nicht mit Allein-Leben verwechselt werden. Einsamkeit meint vielmehr eine negative Bewertung der eigenen sozialen Lebenssituation dahingehend, dass eine bedeutsame Kluft besteht zwischen dem, was man sich an sozialen Erfahrungen wünscht, und dem, was man tatsächlich bekommt.

Manchmal wird auch noch unterschieden zwischen emotionaler und sozialer Einsamkeit. Emotionale Einsamkeit wäre dabei vor allem das ungute Gefühl, dass man in seinem Leben nicht das notwendige Maß an sozialem Input erhält; soziale Einsamkeit meint demgegenüber vor allem das Gefühl, dass man sich in Bezug auf die soziale Umwelt nicht mehr integriert und »draußen« fühlt. Eine typische Aussage für emotionale Einsamkeit in einem häufig genutzten Messinstrument, dem Einsamkeitsfragebogen der University of California, Los Angeles, lautet: »Ich fühle mich niemandem nah.« Eine exemplarische Aussage für soziale Einsamkeit lautet: »Die Leute um mich herum haben ganz andere Interessen und Ideen als ich.« Oftmals führt man aber auch beide Komponenten zu einem Globalwert von Einsamkeit zusammen.

Wichtig für die Qualifizierung von sozialen Netzwerken ist zudem, wer wem hilft bzw., allgemeiner formuliert, welche Formen von sozialer Unterstützung existieren. Soziale Unterstützung wird verstanden als objektives soziales Verhalten, aber auch als stark interpretationsfähiges Konzept, indem tatsächlich erhaltene soziale Unterstützung von wahrgenommener sozialer Unterstützung zu unterscheiden ist. So gibt es in jedem Lebensalter Menschen, die eigentlich sehr gut unterstützt werden, sich aber dennoch nicht gut unterstützt, vielleicht sogar vernachlässigt fühlen. Eine weitere wichtige Unterscheidung ist jene zwischen emotionaler (z.B. Trost) und praktischer-instrumenteller (z.B. Hilfe bei Reparaturarbeiten) sozialer Unterstützung.

Eine besondere Form der sozialen Unterstützung stellen informelle Pflegebeziehungen dar, d.h. Menschen pflegen eine pflegebedürftige Person ihrer Familie, manchmal auch aus ihrem Freundeskreis. In diesem Bereich haben Messinstrumente der NAPs vor allem die Funktion, das Erleben der Pflegesituation durch die pflegenden Angehörigen möglichst differenziert zu erfassen. Im Berliner Inventar zur Angehörigenbelastung, das von Susanne Zank und ihrem Forschungsteam entwickelt wurde, werden unterschiedliche Bereiche eingeschätzt, wie z. B. subjektive Belastung durch Aggressivität und Widerstand (Beispiel-Statement im Fragebogen: »Der Patient beschimpft mich«) oder subjektive Belastung durch Depressivität des Pflegebedürftigen (Beispiel-Statement: »Der Patient ist ängstlich oder verunsichert.«). Eine solch differenzierte Sicht ist wichtig, um die Vielschichtigkeit des Erlebens und Verhaltens von pflegenden Angehörigen besser verstehen zu können.

Facetten sozialer Beziehungen bis ans Lebensende – Was sagt die Empirie? So ließen Wagner et al. (2010) Teilnehmer der Berliner Altersstudie (70 Jahre und älter) Menschen benennen, mit denen sie sich sehr eng, eng oder weniger eng verbunden fühlten, sie setzten also die eben beschriebene Kreistechnik ein. Dabei zeigte sich zwar insgesamt eine Abnahme der Netzwerkgröße mit steigendem Alter, aber das war längst nicht die ganze Geschichte. Je älter die befragten Personen waren, desto weniger entfernte Interaktionspartner wurden zwar genannt, doch bei der Anzahl naher Sozialpartner fiel der Unterschied zwischen den Altersgruppen vergleichsweise gering aus. Auch blieb der Anteil an Netzwerkpartnern, mit denen ein zärtlicher Kontakt bestand, über die Altersspanne zwischen 70 und 103 Jahren hinweg relativ unverändert. Offensichtlich schaffen es ältere, selbst hochaltrige Menschen ziemlich gut, die ihnen wertvollen sozialen Beziehungen zu erhalten.

Auch in einer Meta-Analyse zur Entwicklung sozialer Beziehungen über die gesamte Lebensspanne (Wrzus et al. 2013) zeigte sich, dass Menschen es bis ins höchste Alter schaffen, vor allem ihre familiären Netzwerke relativ stabil zu halten, während zum Beispiel Freunde im Mittel eher verloren gehen (Abbildung 7). Natürlich ist das nicht nur eine Sache der älteren Menschen selbst. Auch andere Menschen (jenseits des Partners) sind natürlich daran interessiert, den Kontakt mit dem jeweiligen alten Menschen zu erhalten. Jedoch haben Studien gezeigt, dass ältere Menschen besonders gute »Kümmerer« sind, wenn es um den Erhalt von emotional engen Beziehungen geht. Das alles entspricht der SST, sodass man diese inzwischen als empirisch gut bestätigt betrachten kann.

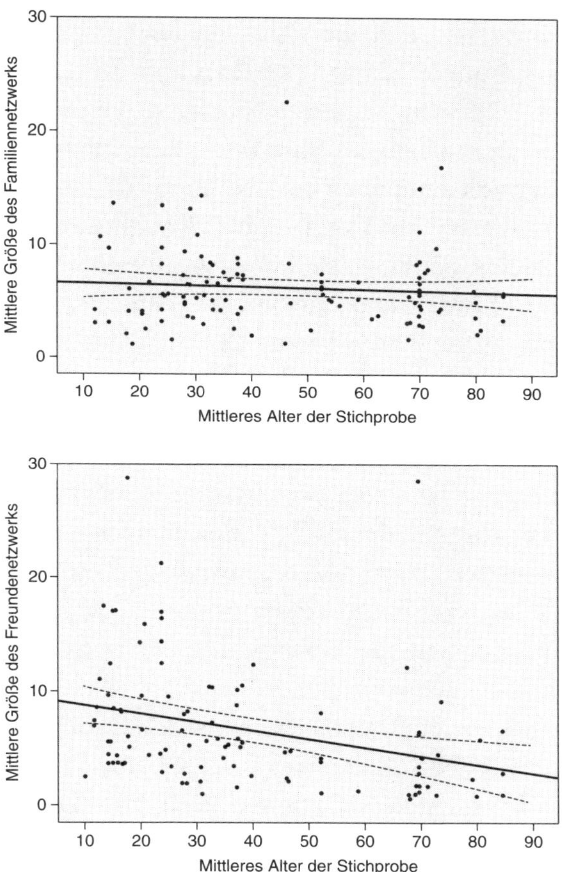

Abb. 8: Größe sozialer Netzwerke im Lebensverlauf

In die Abbildung eingegangen sind die in unterschiedlichen Studien gefundenen Werte zu Netzwerkgrößen. Die durchgezogene Linie (sog. Regressionsgerade) stellt die beste Annäherung an die Werte der einbezogenen Studien dar. Die dünneren Linien bezeichnen den statistischen Unsicherheitsbereich um die Regressionsgerade. Oben: Familiennetzwerke; unten: Freundesnetzwerke.

Sehr wichtig ist auch die Qualität der Paarbeziehung im Alter. Forschungen der NAPs haben hier für das Erwachsenenleben insgesamt einen u-förmigen Verlauf bestätigt: Paare starten in Bezug auf ihre Beziehungszufriedenheit im jungen Erwachsenenalter relativ hoch, dann geht sie ein Stück zurück (wir sind jetzt in der »Rushhour« des Lebens, wo sehr vieles, auch Stressiges, zusammenkommt: Kinderphase und »Kinderorganisation« im Alltag, Karriereaufbau und -absicherung beider Partner, eventuell berufliche Umorientierungen usw.), und schließlich steigt sie wieder an. Ältere Paare verstehen es insgesamt sehr gut, ihre Zufriedenheit aufrechtzuerhalten. Sie vermeiden möglichst Konflikte und gehen bei Partnerschaftsproblemen konstruktiver und stärker aufeinander zu. Sie pflegen zudem in stärkerem Maße als jüngere Paare das, was ihnen gemeinsam wichtig ist. Das alles trägt dann wiederum zum Erhalt von positiven Emotionen und zur Vermeidung von negativen Emotionen bei.

In diesem Bereich liegt übrigens zunehmend auch ein Feld für neue Forschungswege der NAPs, in dem ältere Paare direkt in ihrer alltäglichen Welt untersucht werden (man spricht hier auch von »ambulatorischem Assessment«). Dazu kann man z. B. beide Partner nach Zufall über neun Tage hinweg drei Mal am Tag gleichzeitig »anbeepen« und um Einschätzungen dessen bitten, was gerade getan, überlegt und emotional erlebt wird. Auf diesem Wege haben z. B. Christiane Hoppmann und Denis Gerstorf (2013) sehr alltagsnah zeigen können, dass das gemeinsame Verfolgen von Zielen mit einem Anstieg an positiven Gefühlen und einem Rückgang von negativen Gefühlen verbunden ist. Die dabei untersuchten fast 50 Paare waren übrigens im Schnitt 72 Jahre alt und 42 Jahre verheiratet.

Am Thema Einsamkeit scheiden sich in der öffentlichen Diskussion häufig die Geister. Ich selbst habe auch in öffentlichen Diskussionen immer wieder erlebt, dass gesagt wurde: Das größte Problem im Alter ist die Einsamkeit. Empirisch aber wissen wir das Folgende: Nicht alle Älteren sind einsam; und auch die meisten Älteren sind nicht einsam. Vom chronologischen Alter her betrachtet, gibt es tatsächlich einen Anstieg an Einsamkeit im Alter, aber dieser ist sehr moderat. Grob lässt sich sagen, dass sich etwa 15 Prozent der »jungen Alten« als einsam beschreiben, und sich dieser Anteil, je nach Studie und Messmethode, bei den über 80-Jährigen in etwa verdoppelt. Man hat auch bei Älteren in den neuen Bundesländern eine etwas höhere Einsamkeit im Vergleich zu jenen in den alten Bundesländern gefunden. Sehr wichtig: Wenn man weitere Variablen (z. B. Leben zu Hause versus im Heim; hohes versus niedriges Zärtlichkeitserleben) zusätzlich zum chronologischen Alter in Vorhersagemodelle einbezieht, dann wird das »reine« Alter ziemlich unwichtig. Es ist also am Ende nicht das Alter, das uns einsam werden lässt, sondern es sind z. B. fehlende tief-emotionale Kontakte und Wohnverhältnisse, die uns eventuell Möglichkeiten zu tiefgreifenden sozialen Erfahrungen nehmen, auch wenn sie ansonsten sehr wichtige Schutzräume für pflege- und hilfsbedürftige ältere Menschen darstellen.

Etwas provokant könnte man sogar fragen: Gehört nicht am Ende des Lebens ein Stück Einsamkeit dazu? Könnte es sein, dass ein solches Erleben – und das wäre dann sicher eine andere Form von Einsamkeit, als sie beispielsweise Jugendliche oder junge Menschen erleben – uns sogar auf das Lebensende vorbereitet? Wir nehmen gewissermaßen Abschied vom »zoon politikon«, von uns als sozialen

Wesen, und stellen uns langsam auf eine andere Sphäre, das Überschreiten der Grenze zum Tod, ein.

Was soziale Beziehungen im höheren Lebensalter alles leisten. Das Faszinierendste an sozialen Beziehungen im höheren Lebensalter ist vielleicht, was sie alles leisten; sie sind eine Art Mehrzweckwaffe unseres Alterns. Durch eine Vielzahl von Studien vor allem aus der NAPs weiß man heute:

- Soziale Beziehungen sind wichtig für den Erhalt der geistigen Leistungsfähigkeit. Sie sind gewissermaßen ein natürliches Trainingsfeld.
- Ältere Menschen profitieren in besonderer Weise davon, eine Aufgabe nicht alleine, sondern mit anderen zusammen anzugehen. Ältere werden in derartigen Situationen kreativer und einfallsreicher, was sich bei jüngeren Menschen nicht so deutlich findet (sog. »Interactive Minds«-Forschungen).
- Gleiches gilt für die Aufrechterhaltung von Selbstständigkeit. Sich um die Aufrechterhaltung und Pflege von sozialen Kontakten zu kümmern, hält auch körperlich fit.
- Interaktionen zwischen jungen und alten Menschen tun beiden Seiten gut: So werden jüngere und ältere Menschen auf diesem Weg generell offener und aufgeschlossener, auch empathischer füreinander.
- Gute soziale Beziehungen sind auch für die Gesundheit etwas Gutes; sie unterstützen beispielsweise die Funktion des Immunsystems, und das kann gerade spät im Leben, wo wir anfälliger werden für gesundheitliche Probleme, hilfreich sein. In der internationalen Literatur wird diesbezüglich vielfach der sehr treffende Be-

griff des »Social Flourishing« (etwa soziales Aufblühen und Gedeihen) verwendet.

Das alles kommt noch »on top« zu den grundlegend wichtigen Funktionen von sozialen Beziehungen, die in diesem Abschnitt bereits skizziert wurden. Ist es also nicht großartig, was soziale Beziehungen im Lebenslauf, aber nicht zuletzt auch im höheren Lebensalter vermögen? Soziale Beziehungen haben freilich immer im Leben, auch im höheren Lebensalter, ihre Schattenseiten und können sogar Schaden anrichten.

Ist die soziale Welt der Älteren nur eine rosige? Nach dem bisher Gesagten könnte man denken: Hier ist wirklich (fast, man denke an die Einsamkeitsthematik) alles in bester Ordnung mit der Welt des Älterwerdens. Ebenso klar ist aber auch, dass es auf einem Feld, auf dem es um hohe emotionale Intensitäten geht und um das, was letztlich im Leben zählt, auch viele Verletzlichkeiten geben muss. So dauern Paarbeziehungen heute so lange wie historisch nie, und das bedeutet auch, dass es häufig lange Phasen von Pflegebedürftigkeit eines (oder beider) Partner gibt, die man gemeinsam »gestalten«, aber doch auch ertragen muss. Gleichzeitig erkennen wir heute auch spät im Leben, nun auch zunehmend bei alten Frauen, die Bereitschaft, sich vom Partner zu trennen – mit neuen Chancen und neuen Risiken (man denke an den Film Wolke 9, der eine solche Trennungsdynamik sehr eindrücklich in Szene setzt). Und auch wenn Einsamkeit nicht die Regel des Älterwerdens darstellt, so gibt es eben doch auch bedeutsame Untergruppen älterer Menschen mit hohem Einsamkeitserleben und dem Gefühl, abgehängt zu sein. Nicht selten geht eine solche Konstellation mit schwierigen Wohnverhältnissen (z. B. Hochhaussiedlungen in den neuen Bundesländern, in denen teilweise die Älteren gewissermaßen zurückgeblieben sind) und, damit in Zusammenhang stehend, geringer materieller Sicherheit einher.

Informelle Pflegebeziehungen, die Sorge für einen Angehörigen, sind natürlich etwas höchst Wertvolles für unsere Gesellschaft. Ohne das Engagement von pflegenden Angehörigen – zu 80 Prozent sind es Frauen – würde unser Versorgungssystem im Alter gar nicht funktionieren. Auch dieser Bereich ist hinsichtlich seiner psychosozialen Charakteristika in der NAPs sehr gut erforscht worden. Dabei wird deutlich, dass pflegende Angehörige, von denen viele ja selbst schon relativ alt sind, enormen Risiken ausgesetzt sind: Sie sind im Vergleich zur Allgemeinbevölkerung körperlich und psychisch belasteter, sie sind andauernd gefordert, ihre Beziehung mit der zu pflegenden Person zu reflektieren und auszuloten (vor allem, wenn z. B. an Demenz Erkrankte mit Vorwürfen, Beleidigungen oder aggressiven Äußerungen reagieren), und sie müssen sich fortwährend mit herausfordernden Verhaltensweisen der zu pflegenden Person wie unkontrolliertem Weglaufen oder Schreien auseinandersetzen.

Insgesamt, so haben vor allem die Studien von Richard Schulz und Kollegen von der Universität Pittsburgh gezeigt, ist das »Mitleiden« (suffering) der pflegenden Angehörigen mit der zu pflegenden Person eine große psychische Belastung. Das vielschichtige Konglomerat der Anforderungen führt dazu, dass die Lebenserwartung von pflegenden Angehörigen niedriger ist als bei einer Vergleichspopulation. Bei noch jüngeren pflegenden Angehörigen ist zudem das Risiko einer Frühverrentung erhöht. Gerade das Beispiel der pflegenden Angehörigen zeigt also das zweischneidige Schwert enger sozialer Beziehungen im höheren Lebensalter. Es wird, oftmals über viele Jahre hinweg, eine Leistung erbracht, in der eine überaus wertvolle und tiefe Solidarität mit dem Betroffenen zum Ausdruck kommt; doch damit kumulieren gleichzeitig auch Belastungen und Risiken.

Die »Pflege von pflegenden Angehörigen« muss deshalb in unserer alternden Gesellschaft eine sehr hohe Priorität genießen. Erfreulicherweise wird dies auch zunehmend erkannt, und es finden sich, nicht zuletzt auch von den Krankenkassen initiiert, zunehmend reichhaltige Angebote zur Unterstützung und Entlastung von pflegenden Angehörigen. Hier eröffnen sich zudem wichtige zukünftige Tätigkeitsfelder auch für Psychologinnen und Psychologen, die natürlich auch entsprechend honoriert werden müssen. Dies alles wird sich zumindest mittelfristig auch für unser Gesundheitssystem »rechnen«, etwa durch Einsparungen bei teuren Medikamenten oder die Vermeidung von Frühverrentung.

Am Ende dieses Abschnitts will ich noch auf einen Sachverhalt hinweisen, der auch einen persönlichen Hintergrund hat. Vor 26 Jahren hatte ich im Zuge der für mich fachlich und persönlich sehr wertvollen Zusammenarbeit mit der Alternspsychologin Margret M. Baltes (1999 im frühen Alter von 59 Jahren verstorben) behauptet, dass viele Ältere mit funktionalen Einschränkungen gerade auch in professionellen Pflegekontexten wie Pflegeheimen noch hilf- und kompetenzloser gemacht werden, als sie es ohnehin schon sind. Wir hatten das damals als ein »Unselbstständigkeits-Unterstützungs-Skript« bezeichnet. Gemeint war damit eine Art soziales Drehbuch, das professionelle

Pflegekräfte immer wieder dazu brachte, zu viel und zu undifferenziert zu helfen. Es wurde nach Möglichkeit bei allem und überall geholfen, sodass sich pflegebedürftige Ältere gar nicht dagegen wehren konnten; sie wurden »zugeholfen«. Zudem wurde diese über-protektive Haltung nicht selten auch noch mit »Baby-Talk« garniert (»Wie geht es uns denn heute früh, Frau Weinmann?« – mit lauter Stimme relativ langsam sprechend vorgetragen, denn alle alten Menschen hören und verstehen ja angeblich nicht mehr gut).

Ist es damit heute vorbei? Schön wäre es. Ohne die hochwertige Arbeit von Pflegepersonal diskreditieren zu wollen, muss doch die Frage erlaubt sein, was eine zu geringe Förderung von Selbstständigkeit und eine zu starke Unterstützung von Unselbstständigkeit bei pflegebedürftigen alten Menschen, egal aus welchen Gründen beides stattfindet, anrichtet. Wir verschenken gerade in diesem Segment ohne Not Selbstständigkeitspotenziale älterer Menschen. Nicht zuletzt auch im Umgang mit den verletzlichsten Seiten des Älterwerdens erkennt man fortschrittliche alternde Gesellschaften vor allem daran, ob sie verstanden haben, um was es geht: die andauernde Suche nach weiter vorhandenen Potenzialen selbst dort, wo angeblich keine mehr sind. Die Suche selbst ist schon ein bedeutsamer Teil des Weges! Deshalb plädieren Clemens Tesch-Römer, Direktor des Deutschen Zentrums für Altersfragen in Berlin und ich (2017) auch dafür, dass es durchaus möglich und sogar notwendig ist, den Begriff erfolgreiches Altern auch auf jene älteren Menschen anzuwenden, die hilfe- und pflegebedürftig sind bzw. Langzeitpflege benötigen.

Wohnen und Mobilität

Prinzip 7 der NAPs besagt, dass Älterwerden nicht nur sozial, sondern auch räumlich intensiv eingebunden ist. Damit sind wir dann schnell bei den Themen Wohnen und Mobilität, die bislang nicht im Zentrum der NAPs stehen, allerdings dringend dorthin gehören. Häuser und Wohnungen von alten Menschen sind für deren Lebensqualität sehr bedeutsam, und zwar allein schon deswegen, weil, wie sogenannte Zeitbudgetstudien (in diesen wird akribisch erfasst, wo und wie Alltagsleben verbracht wird) gezeigt haben, dass Altern vor allem dort stattfindet. Ältere Menschen verbringen so viel Zeit wie keine andere erwachsene Altersgruppe in den eigenen vier Wänden. Auch kognitiv und emotional verbinden ältere Menschen sehr viel mit ihrem Wohnen und ihrer Wohnumwelt. Man hört nicht selten von Älteren: Hier lebe ich seit Jahrzehnten, hier gehöre ich hin, hier sind meine Kraftquellen, hier ist mein Zuhause, hier will ich bleiben, komme, was wolle. Das liegt auch daran, dass ältere Menschen häufig bereits sehr lange am selben Ort wohnen (im Mittel 20 Jahre, das ist länger als bei jeder anderen Altersgruppe; bei älteren Menschen in ländlichen Regionen sind es im Schnitt nochmals zehn Jahre mehr).

Gleichzeitig ist Wohnen für Ältere aber auch eine ambivalente Angelegenheit, die auf der einen Seite die Potenziale und auf der anderen Seite die Verletzlichkeiten des Älterwerdens versinnbildlicht. Selbstständigkeit und Autonomie werden von vielen Älteren in hohem Maße am Wohnen im Privathaushalt festgemacht. Der Verlust der angestammten Wohnung, vor allem nach einer Übersiedlung ins Pflegeheim, wird oftmals als sehr schmerzlich, ja, fast schon wie eine »räumliche Verwitwung« empfunden: Man verliert den langjährigen räumlichen Partner, den zentralen Rahmen des bisherigen Lebens. Allerdings ist auch festzustellen, dass Wohnen im höheren Alter deutlich bunter geworden ist. Hier entstehen möglicherweise nicht nur neue Wohnformen (wie z.B. Wohngemeinschaften, Mehrgenerationenwohnen, unterschiedliche Formen des betreuten Wohnens), sondern mittel- und längerfristig auch neue Alternsformen.

Dem Drinnen des Wohnens steht gleichzeitig das Sich-Bewegen in außerhäuslichen Aktionsräumen gegenüber. Nicht zuletzt als autofahrende »Mobilisten« bewegen sich zunehmend auch ältere Menschen durch außerhäusliche Umwelten – oder weniger hochtrabend: sie nehmen am Verkehrsgeschehen unserer Gesellschaft teil. Ältere Menschen waren generell noch nie so mobil wie heute; sie erschließen sich wie nie zuvor außerhäusliche Aktionsräume, sehen nicht selten im Alter zum ersten Mal ferne Länder und Kontinente. Hohe Mobilität selbst noch im sehr hohen Alter – das ist die Negation des Sinnbilds vom Altern als einem auch räumlichen Schrumpfungsprozess, das immer noch in unseren Köpfen herumgeistert.

In diesem Zusammenhang stellen sich viele Fragen: Was sind die Herausforderungen einer stark alternden Verkehrsgesellschaft? Was macht die »neue« Mobilität, was machen die damit verbundenen »neuen« Umwelterfahrungen mit den älteren Menschen von heute und morgen? Und was mit den Intergenerationenbeziehungen? Welche politischen Implikationen haben diese Prozesse und kann die NAPs einen Beitrag leisten?

Natürlich gibt es auch hier eine Kehrseite: Was bedeutet es psychologisch für einen alten Menschen, nach Jahren oft hoher und vielleicht gar extensiver Mobilität nicht mehr mobil sein zu können, das »Draußen« möglicherweise ganz aufgeben zu müssen? Was ist gut daran, wenn heute nicht wenige Ältere zwischen Thailand oder Mallorca und Deutschland hin und her pendeln? Und was ist dabei eventuell auch psychologisch riskant? Dreh- und Angelpunkt unserer Überlegungen ist in jedem Fall die Überlegung, dass Altern auch von den Ressourcen und Begrenzungen der jeweils gegebenen Umweltbedingungen, speziell dem räumlich-dinglichen Kontext, abhängt. Sage mir, wie du wohnst, bzw. sage mir, in welchen räumlichen Formen du dich bewegst, und ich sage dir, wie dein weiteres Altern verlaufen wird. Ist da was dran?

Ein bisschen Theorie zur Psychologie des Wohnens im höheren Lebensalter. Das Wohnen älterer Menschen ist ein schönes Beispiel für das Konzept der Person-Umwelt-Transaktion. Gemeint ist damit, dass ältere Menschen über die vielen Jahre hinweg, die sie in der Regel in ihren Wohnungen leben, ein sehr inniges Verhältnis zu ihrem Wohnumfeld entwickeln, bei dem sich oftmals das Objektive (Wohnungen besitzen eine bestimmte Anzahl von Zimmern, haben eine bestimmte Lage, einen bestimmten Ausblick usw.) nur mehr schwer vom Subjektiven (vielfältige subjektive Bewertungen dieses »Objektiven«) trennen lässt. In einem von Frank Oswald und mir entwickelten Rahmenmodell (Wahl & Oswald 2016) gehen wir davon aus, dass beides, das stark objektive und das stark subjektive Moment des Wohnens im Alter, stets zusammen gesehen werden sollten (siehe auch Abbildung 9).

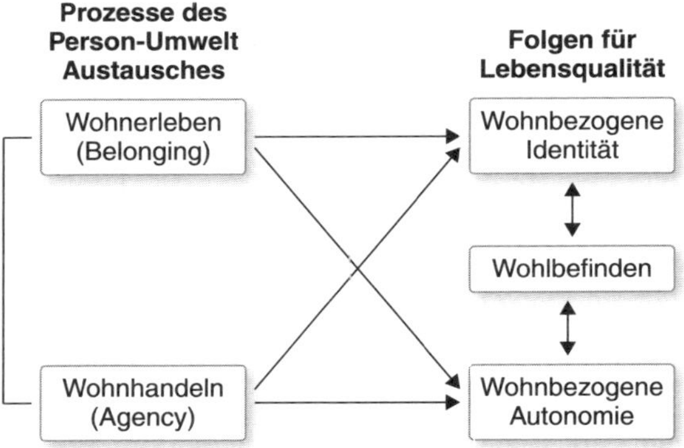

Abb. 9: Rahmenmodell zur Psychologie des Wohnens älterer Menschen

In unserem Rahmenmodell werden zwei Wohnaspekte unterschieden: Einerseits geht es um erlebensbezogene Prozesse der Bewertung, Bedeutungszuschreibung und Bindung bzw. Verbundenheit mit der Wohnumwelt, was wir als »Belonging« bezeichnen. Wir meinen damit eine Vielfalt von Prozessen, wie z. B. Bedeutungen, die ältere Menschen mit dem Wohnen verbinden (z. B. Meine Wohnung ist mein wichtigster Ort, damit verbinde ich viele Erinnerungen, hier fühle ich mich zufrieden, mit meiner Wohnung bin ich ganz eng verbunden, hier kenne ich mich aus wie in meiner Westentasche). Neben den »Belonging«-Prozessen sind aber auch Prozesse in Richtung »Agency« wichtig. Hier geht es um die objektiven Wohnmerkmale und was diese mit älteren Menschen machen bzw. was Ältere mit diesen machen (z. B. Barrieren führen zu Sturzproblemen, man lässt eine bodengleiche Dusche einbauen, man gestaltet die Möblierung um).

Ferner wird im Rahmenmodell angenommen, dass beide Prozesse mit zentralen psychologischen Bedürfnissen der älteren Person zusammenhängen. »Belonging«-Prozesse haben viel mit der Aufrechterhaltung von Identität zu tun. So wird die Frage »Wer bin ich?« häufig auch mit unmittelbarem Umweltbezug wie z. B. »Ich wohne noch in meinen eigenen vier Wänden« beantwortet. Wohnen ist überhaupt sehr identitätsstiftend im höheren Lebensalter.

»Agency«-Prozesse hingegen hängen in stärkerem Maße mit Autonomie zusammen, also dem, was man weiterhin in der je gegebenen Wohnumwelt tun kann. Beides, Identität und Autonomie, sind wiederum eng mit dem allgemeinen subjektiven Wohlbefinden verbunden. So landen wir also auch bei dem zunächst vielleicht etwas psychologiefremd wirkenden Themenfeld des Wohnens schnell wieder bei genuin psychologischen Konstrukten. Es versteht sich fast von selbst, dass dies alles stets in die persönliche Lebensgeschichte (Wie hat sich Wohnen im Laufe eines Lebens entwickelt? Was war einem daran immer schon wichtig? Was weniger wichtig?) sowie in historische Zusammenhänge (z. B. werden Wohnanpassungsmaßnahmen für Ältere erst seit einigen Jahren relativ systematisch angeboten) eingebunden ist.

Einige Forschungsergebnisse. Wie sieht das alles nun im Alltag älterer Menschen aus? Was bedeutet Wohnen tatsächlich für die Psychologie des Älterwerdens? Aus unseren eigenen Forschungen hierzu können wir sagen, dass Ältere mit dem Wohnen zunächst einmal unendlich viel an Lebensbedeutung verbinden. Wohnungen sind für alte Menschen psychisch höchst multi-valent: Hier zeige ich vor mir und anderen, dass ich (noch) selbstständig bin, hier verbringe ich einen Großteil meines Alltagslebens, indem ich Zeitung lese, Kreuzworträtsel löse, für meine Enkel Socken stricke, in Erinnerungen an frühere Lebensereignisse schwelge, es mir gemütlich mache, es mir gut gehen lasse an meinem Lieblingsplatz, meine persönlichen Dinge ordne, wichtige Gespräche führe, den nächsten Tag plane, meine Hobbies, Interessen und Vorlieben pflege, ungestört die Dinge mache, die mir persönlich sehr wichtig sind usw. Man könnte auch sagen: Sehr vieles von dem, was ich in diesem Buch als Psychologie des Älterwerdens beschreibe, geschieht in den »eigenen vier Wänden«.

Dies alles ist nicht nur ein Rahmen des Älterwerdens; der Rahmen greift auch in das Leben älterer Menschen ein. In einer im Jahre 2009 veröffentlichten Auswertung der damals verfügbaren Studien zur Rolle von Wohnmerkmalen für das Verhalten haben wir (Wahl et al, 2009) beispielsweise zeigen können, dass viele Barrieren in Wohnungen (z. B. Schwellen, unzugängliche Duschen und Badewannen, schlecht beleuchtete Küchen, enge Verkehrswege in Wohnungen, fehlende Fahrstühle) mit einer geringeren Selbstständigkeit in den Aktivitäten des täglichen Lebens einhergehen. Es liegt auf der Hand, dass dies alles besonders für verletzliche Ältere bedeutsam ist, also für ältere Menschen mit bedeutsamen Einbußen etwa ihres Sehens und Gehens bzw. ihrer Motorik. Wohnungen können die Autonomie von älteren Menschen einschränken, und wenn man bedenkt, dass Selbstständigkeit für viele Ältere eines der höchsten Güter ist, dann haben Wohnungen an dieser Stelle enorme psychologische Folgen. Umgekehrt heißt das aber auch: Die systematische Verbesserung des Wohnens durch Wohnanpassungsmaßnahmen (z. B. Einbau einer bodengleichen Dusche, von Haltegriffen, einer besseren Beleuchtung, Entfernung von Stolperfallen) erhöht die Autonomie.

Beim Wohnen können Ältere in der Tat ein gutes Stück weit ihr Leben und ihre Selbstständigkeit mitgestalten, tun dies aber leider noch zu wenig. Was hindert sie daran? Ängste vor Umbauschmutz (doch dieser hält sich oft in Grenzen), schlechte Informiertheit (hier haben die Kommunen eine wichtige Aufgabe), Bedenken wegen der Kosten (diese sind aber oftmals gar nicht so hoch und Zuschüsse, etwa über die Pflegeversicherung, sind möglich) und nicht selten auch negative Altersbilder (Das lohnt sich doch für mich nicht mehr). Doch, es lohnt auf jeden Fall, nicht zuletzt auch als präventive Maßnahme und um eine möglicherweise wegen ungünstiger Wohnmerkmale notwendige Heimübersiedlung zu verhindern.

In einer großen europäischen Studie mit über 80-Jährigen (Oswald et al. 2007) – der sogenannten ENABLE-AGE-Studie – haben wir zudem feststellen können, dass eine Vielzahl von Wohnungsaspekten mit psychologischen Größen zusammenwirkt, d.h. dass die Person-Umwelt-Transaktion psychologisch höchst vielschichtig ist. Wenn die Passung zwischen Merkmalen der Person (ob z.B. jemand gehbeeinträchtigt ist oder nicht) und der objektiv gegebenen Wohnausstattung einigermaßen stimmt, wenn Ältere sich nicht als Spielball von Wohnungen, sondern als Gestalter erleben, wenn sie viele Handlungsräume und Entfaltungsmöglichkeiten für sich selbst in ihren Wohnungen sehen, dann zeigen sie auch eine höhere Autonomie, ein höheres kognitives und affektives Wohlbefinden und eine geringere Depressivität. Interessant an unseren Daten war zudem, dass sich diese Zusammenhänge bei den von uns untersuchten Hochaltrigen in unterschiedlichen Ländern als recht ähnlich erwiesen, z.B. in Lettland und in Ungarn. Zwar ist das Wohnen von Älteren in diesen Ländern hinsichtlich grundlegender Qualitätsmerkmale weniger positiv als in Deutschland oder Schweden, aber das Zusammenwirken von Wohn- und Person-Merkmalen, eben die Person-Umwelt-Transaktion, scheint sehr ähnlich zu »arbeiten«. Wir können festhalten: Autonomie und Wohlbefinden, auch das Gefühl und Erleben, wer ich als älterer Mensch bin, was mich als Person ausmacht, haben durchaus eine Menge mit dem Wohnen zu tun. Die NAPs braucht diese »kontextuelle« Perspektive, sie darf den alten Menschen nicht künstlich aus seinen Alltagsbezügen (und ein zentraler ist hier das Wohnen) ausschneiden.

Kritisch, nicht zuletzt in psychischer Hinsicht, wird es für Ältere aber dann, wenn ein Verbleiben in der eigenen Wohnung/dem eigenen Haus nicht mehr möglich ist und eine Pflegeheimübersiedlung ansteht. Gerade die eben beschriebenen Befunde, das Wissen um die starken und vielschichtigen Bindungen von älteren Menschen an ihre Wohnung/ihr Wohnumfeld, legen ja nahe, dass der (in 98 Prozent der Fälle) endgültige Verlust der eigenen Wohnung nach einer Übersiedlung in ein Pflegeheim eine sehr große psychische Herausforderung darstellt – auf die ältere Menschen häufig nicht ausreichend vorbereitet sind. Die Übersiedlung in eine solch andere Wohnform wie ein Pflegeheim ist durchaus etwas »Einzigartiges«, das man so noch nicht erlebt hat. Entscheidungen für ein bestimmtes Heim werden oftmals aus der Not heraus getroffen, nicht wohlüberlegt, wie man das bei Umzügen vorher im Leben immer getan hat.

Das ist traurig und seltsam zugleich. Für ein neues Auto, einen neuen Kühlschrank, ein neues Bett informieren wir uns oftmals ziemlich intensiv, nicht aber für den gar nicht so seltenen letzten Wohnabschnitt in einem Heim. Denn

Studien haben gezeigt, dass fast 30 Prozent der über 65-Jährigen zumindest eine kürzere Zeit, vielleicht nur ein paar Wochen (aber auch dies ist wertvolle Lebenszeit), in einem Pflegeheim verbringen und dort sterben werden. Es wäre sehr zu wünschen, dass die heutigen und morgigen Älteren Prinzip 5 der NAPs (Gestalter des eigenen Alterns) auch in diesem für die Lebensqualität sehr zentralen Bereich ernster nehmen würden: sich gut informieren und die zur Verfügung stehenden Wohnalternativen umfassend abwägen. Das kostet natürlich Zeit und erfordert die Bereitschaft, möglicherweise Kommendes als reale Möglichkeit des eigenen zukünftigen Lebens zuzulassen. Aber wir wissen auch: Gute Vorbereitung ist im Leben oftmals zumindest die halbe Garantie dafür, dass es gut wird. Dies bestätigt auch die psychologische Stress- und Bewältigungsforschung: Die Vorwegnahme und frühzeitige Auseinandersetzung mit einer zukünftigen massiven Anforderung, auch das Gefühl, dabei zumindest ein Stück Kontrolle ausüben zu können, gepaart mit guter Information zu den Vor- und Nachteilen unterschiedlicher Wohnformen – das ist eine ziemlich hilfreiche Vorbereitung, eine lohnende »Investition«.

Die Wahl allein zwischen »Zuhause« und »Heim« ist freilich längst passé. Wohnen ist bunt geworden und bietet heute viele Möglichkeiten, um eigene Bedürfnisse mit dem jeweiligen Angebot abzugleichen, d. h. eine gute Passung zwischen der eigenen Person und der jeweiligen Wohnform herzustellen. Diese neuen Wohnformen für ältere Menschen sind komprimiert in Tabelle 3 beschrieben.

Tabelle 3: Neue Wohnformen für ältere Menschen in Deutschland – ein Überblick (modifiziert nach Wahl & Steiner, 2014)

Name	Konzept	Relativ optimale Person-Umwelt-Passung für:
Betreutes Wohnen	Relativ eigenständiges Wohnen in Eigentum oder mit Mietvertrag + Betreuungsvertrag; in der Regel barrierearm gestaltet; neue Einheiten oder Lösungen im Bestand; vielfach auch an Institutionen angegliedert, jedoch auch relativ hohe Selbstständigkeit wie beschrieben; meist auch Gemeinschaftsräume und Gemeinschaftsveranstaltungen.	Alte Menschen mit beginnenden Kompetenzeinbußen in Motorik, Sensorik oder kognitiver Leistungsfähigkeit und/oder psychischen Unterstützungsbedürfnissen (z. B. soziale Isolation, Einsamkeit) und/oder leichteren Formen von Hilfe- und Pflegebedürftigkeit; alte Menschen ohne bedeutsame Einbußen mit Bedürfnis nach zukünftiger Absicherung bei eventuellen Hilfebedarfen.
Mehrgenerationenwohnen	Mischung von Generationen bei Erhalt von selbstständigen Wohneinheiten; Idee, dass der Austausch zwischen den Generationen auf der Ebene eines gemeinsamen Wohnens für alle Beteiligten fruchtbar ist; häufig auch »informelles« Konzept der gegenseitigen Hilfe und Unterstützung bei alltäglichen Bedürfnissen.	Alte Menschen ohne oder mit beginnenden Kompetenzeinbußen, die ganz bewusst den Austausch mit jüngeren Menschen suchen bzw. diesen als Ressource empfinden; für ältere Menschen mit schwerwiegenden Einbußen bzw. Pflegebedürftigkeit in der Regel keine speziellen Konzepte.

Name	Konzept	Relativ optimale Person-Umwelt-Passung für:
Gemeinschaftliche Wohnformen (jenseits des Mehrgenerationen-wohnens)	Formen des gemeinschaftlichen Wohnens von älteren Menschen als Miet- oder Eigentümergemeinschaften; oftmals ausbuchstabierte Konzepte des Miteinanders und bezüglich Neueinzügen.	Alte Menschen ohne oder mit beginnenden Kompetenzeinbußen, die ganz bewusst den Austausch mit anderen alten Menschen in neuartigen Wohnarrangements suchen bzw. diesen als Ressource empfinden; für ältere Menschen mit schwerwiegenden Einbußen bzw. Pflegebedürftigkeit in der Regel keine speziellen Konzepte vorhanden.
Wohn- und Hausgemeinschaften für pflegebedürftige Ältere	Formen des gemeinschaftlichen Wohnens von Pflegebedürftigen, häufig von an Demenz Erkrankten, in Wohnquartieren oder als »Inseln« im Bereich des institutionellen Wohnens; Einheitengröße in der Regel 6–8 Personen + fest verankerte Pflege und Versorgung + ausbuchstabierte Betreuungskonzepte (z. B. Aktivitäten, Tagesstrukturierung) mit in der Regel hohen Qualitätsstandards (auch orientiert an der Idee der *special care units*, wie sie etwa in den USA realisiert wurden).	Pflegebedürftige alte Menschen, die ganz bewusst den Austausch mit anderen alten Menschen in einer ähnlichen Lebenslage in neuartigen Wohnarrangements und (möglichst) vertrauter Wohnumgebung suchen bzw. diesen als Ressource empfinden + Beibehaltung einer relativen Autonomie des Wohnens und Lebens bei hoher Versorgungs- und Betreuungssicherheit und sozialer Anbindung.

Name	Konzept	Relativ optimale Person-Umwelt-Passung für:
Innovative Wohnformen für behinderte alte Menschen	Formen des Wohnens im Verbund in der Gemeinde oder im Rahmen von Behinderteneinrichtungen + entsprechende Formen der Betreuung und Anregung sowie der sozialen Partizipation.	Vor allem ältere Menschen mit geistiger Behinderung zur sozialen Partizipation und zum Kompetenzerhalt auch nach Ausscheiden aus einer Werkstätte.
Seniorendörfer/ Rentnergemeinden	Formen des stark alterssegregierten Wohnens in Form ganzer Gemeinden ähnlich den in den USA seit den 1930er-Jahren existierenden *retirement communities*; häufig barrierearme Bauweise und Anpassung des gesamten Umfelds an Bedürfnisse älterer Menschen; derzeit mindestens eine Umsetzung in Deutschland (Meppen).	Alte Menschen ohne oder mit beginnenden Kompetenzeinbußen, die ganz bewusst den Austausch mit anderen alten Menschen im Sinne eines gemeindeartigen Zusammenlebens suchen bzw. diesen als Ressource empfinden; für ältere Menschen mit schwerwiegenden Einbußen bzw. Pflegebedürftigkeit eher keine speziellen Konzepte.

Machen wir uns also gerade im Bereich des Wohnens zu Mitgestaltern unserer eigenen Entwicklung in der Altersphase. Es gibt mehr Wahlmöglichkeiten, als viele denken. Und Auswählen ist etwas Gutes, denn damit nehmen wir unser Leben, auch das späte und oft sehr verletzliche Leben, in die eigenen Hände. Das entspricht einer empirisch sehr gut unterstützten Grundbotschaft der NAPs: Das Gefühl, Kontrolle und, wie es oben genannt wurde, »Agency« auszuüben, gehört zu den Fundamentalbedürfnissen des Menschen. Die Umsetzung dieses Bedürfnisses führt zu positiven Entwicklungen in den unterschiedlichsten Bereichen: höheres Wohlbefinden, höhere Zufriedenheit, bessere

Anpassung an Neues (z. B. an die neue Pflegeheimumwelt), längerer Erhalt von Selbstständigkeit, bessere Gesundheit. Dabei geht es überhaupt nicht um »totale Kontrolle« oder die Vorstellung, wir könnten alles im Leben bestimmen. Die Entwicklungsaufgaben (ein sehr hilfreiches Konzept, das der amerikanische Altersforscher Robert J. Havighurst bereits Ende der 1940er-Jahre vorgeschlagen hat), vor denen wir spät im Leben stehen (z. B. eine möglicherweise anstehende Übersiedlung in ein Pflegeheim), sind stets auch biologisch bestimmt und durch Erwartungen der Gesellschaft eingerahmt. Aber sie besitzen eben auch immer eine psychische Komponente, die uns Handlungsspielräume eröffnet: Wir können beispielsweise unsere Ziele regulieren und verfolgen (»Ich will trotz meines Alters meine Wohnung nochmals umbauen«), und wir können vielfältig aktiv werden (Infos beschaffen, Probewohnen, mit Experten Gespräche führen, offen mit dem Partner darüber sprechen). Und was in diesem Zusammenhang auch nicht unwichtig ist: Mit alldem tun wir auch etwas, um den Sterbeort unseres Lebens mitzugestalten. Umzüge spät im Leben führen in der Regel in die letzte »Heimstatt« vor dem Lebensende. Wir sollten somit alles dafür tun, dass wir uns auch in der allerletzten Lebensphase »daheim« fühlen. Hier verzahnen sich die »Agency«- und die »Belonging«-Komponente aus dem oben vorgestellten Modell des Wohnens im Alter wohl am stärksten.

Es geht voran – Mobilität als zentraler Aspekt für ältere Menschen. »Ich bewege mich, also bin ich.« Das gilt auch und gerade für ältere Menschen. Die Fähigkeit zur eigenen Fortbewegung auf zwei Beinen ist evolutionär gesehen für den Menschen wohl eine der wichtigsten Ressourcen – und das bleibt so bis zum Lebensende. Gleichzeitig ist diese Ressource hoch gefährdet, je älter wir werden. Erkrankungen des Bewegungsapparats machen älteren Menschen besonders zu schaffen; zudem wird allgemein das kognitiv-sensorisch-motorische System, das uns im Alltagsgeschehen normalerweise in fast jeder Lebenslage trägt, verletzlicher, in der Informationsverarbeitung ungenauer und in der Koordination (das betrifft vor allem die kortikale Ebene) fehlerhafter. Das Ganze hat natürlich auch viel mit nicht mehr ausreichend vorhandenen Kraftreserven zu tun.

Die Folgen: Der hochkomplexe Prozess des Balancehaltens gerät im wahrsten Sinne des Wortes ins Wanken, das Aufstehen, Gehen und Hinsetzen wird unsicherer – das alltägliche Leben kann zu einem Drahtseilakt werden. Im schlimmsten Fall sind Stürze und damit einhergehende Verletzungen (vor allem der zu Recht gefürchtete Oberschenkelhalsbruch) die Folge. Menschen über 80 Jahre erleben im Schnitt einmal im Jahr einen solchen Sturz.

Auf psychologischer Ebene kommt es bei vielen älteren Menschen zu großen Sturzängsten. Man fühlt sich dem »bewegten Leben« nicht mehr gewachsen, vermeidet vielleicht das Nach-Draußen-Gehen ganz, reduziert seinen Aktionsradius und wird vorsichtig, eventuell auch übervorsichtig. Daraus entsteht ein Teufelskreis: Diese »Anpassungen« führen den Betroffenen gleichzeitig vor Augen, dass sie nun »richtig alt« sind, man ist in derartigen Situationen besonders anfällig für die Übernahme negativer Altersstereotype. Zudem springt auch die soziale Umwelt auf Bewegungsprobleme bei älteren Menschen besonders an: Ja, das ist »das Alter«, was wir hier sehen. Dies vermittelt sich auch den Älteren: Die anderen sehen jetzt überdeutlich, dass ich alt bin. Nach vorne gebeugt gehen, sich unsicher und langsam fortbewegen, einen Rollator vor sich her schieben – das ist in gewisser Weise die Inkarnation von »alt«. Und dies alles kann dann wiederum dazu führen, dass man sein »bewegendes Tun« noch mehr einschränkt, sich damit selbst Trainingsmöglichkeiten nimmt und am Ende noch mehr Bewegungsfähigkeit verliert. Denn eines wissen wir aus der Altersforschung, aber auch aus der klinischen und rehabilitativen Praxis nur allzu gut: Wenn wir etwas nicht mehr tun, dann geht es schneller verloren, als uns lieb ist. Diese Abwärtsspirale tritt spät im Leben gar nicht so selten auf – und ist alles andere als einfach zu stoppen.

Mobilität hat für ältere Menschen viele Gesichter – sie ist für das Älterwerden gleichzeitig Fluch und Segen. Was aber bedeutet es für ältere Menschen, den Fuß vor die Haustür zu setzen und damit den Aktionsradius über den Bereich des unmittelbaren Wohnens hinaus auszuweiten? Dies geschieht im Durchschnitt etwa zwei bis drei Stunden am Tag. Allerdings lassen sich daraus noch keine Aussagen über die subjektive Bedeutung des Erlebens außerhalb der eigenen vier Wände ableiten. In einer qualitativen Interviewstudie konnten Heidrun Mollenkopf (eine Wegbereiterin der Mobilitätsforschung mit Älteren in Deutschland und Europa) und ihr Team zu dieser Frage sieben inhaltliche Bedeutungsschwerpunkte außerhäuslicher Mobilität identifizieren. Mobilität bedeutet für ältere Menschen:

1. abstraktes Erleben (emotionale Aspekte): »Freude!«
2. ein intrinsisches Bedürfnis (physische Bewegung als Selbstzweck): »Damit ich Bewegung habe.«; »Ich will mich bewegen und fühl mich dabei wohl!«

3. Bewegung in der natürlichen Umwelt (Natur als Erlebnisraum): »Ich muss raus, muss wissen, was in der Natur los ist!«; »Sehnsucht nach frischer Luft.«
4. Voraussetzung für gesellschaftliche Integration (soziale Bedürfnisse): »Dass ich am gesellschaftlichen Leben noch teilnehmen kann.«; »Alte Freunde besuchen.«; »Um nicht zu vereinsamen!«
5. Voraussetzung für Autonomie (Freiheit und Selbstbestimmung): »Nicht eingesperrt sein.«; »Jederzeit, wenn ich will, auch rausgehen können.«
6. Quelle neuer Eindrücke (Anregung und Abwechslung): »Damit ich hier oben nicht verkalke!«; »Um etwas anderes zu erleben, nicht zu versauern.«
7. Ausdruck von (noch vorhandener) Lebenskraft (bei Antizipation des nahenden Lebensendes): »Das letzte bisschen Unabhängigkeit«; »Ein Beweis, dass ich noch ein Mensch bin wie andere auch.«

Das bedeutet nicht, dass bei allen älteren Menschen all diese Bedeutungsfacetten gleichzeitig auftreten. Aber viele geben doch an, dass sie mehrere dieser Bedeutungen mit ihrer Mobilität verbinden, dass mal der eine, mal der andere Aspekt wichtiger wird. Gerade die letztgenannte Bedeutungsebene – Mobilität als Sinnbild der noch vorhandenen Lebenskraft und Vitalität – ist für viele Ältere sehr wichtig. Geht Mobilität in starkem Maße verloren, läuft man möglicherweise Gefahr, kein »lebendiger Mensch« mehr zu sein, und es kann spät im Leben zu einer Art Identitätskrise kommen, verknüpft mit der zentralen Frage: Was ist von mir noch geblieben? Hinzu kommt, dass der Verlust von Mobilität und Bewegungsfähigkeit zu den wichtigsten Ursachen für die Inanspruchnahme von Hilfe und Unterstützung gehört. Viele ältere Menschen erleben dies als Abhängigkeit von anderen, und es geht ihnen nicht gut damit. Durch diese auf den ersten Blick stark körperlich getriebenen Prozesse des Verlusts der Mobilität entsteht somit eine komplexe psychische Belastung, die häufig unterschätzt wird und die die Älteren selbst nicht gerne zeigen bzw. zur Schau stellen: Der Verlust der Bewegungsfähigkeit zeigt im Grunde das näher gerückte eigene Lebensende an, führt, so würde die NAPs sagen, zu einer Mortalitätssalienz, stempelt mich nun unübersehbar als »alt« und »hinfällig« ab (wiederum im wahrsten Sinne des Wortes: ich kann nun »hinfallen«). Insofern überrascht es nicht, dass der Verlust von Mobilität auch mit einer höheren Depressivität einhergeht. Mobilität im Alter ist also gleichzeitig Fluch und Segen: eines der ganz großen Risiken des späten Lebens, die uns durch ihren Verlust sehr gefährdet; und Segen, weil sie uns in unserer alternden Identität vielfach unterstützt und wir sie gestalten können.

Was hat Mobilität im Alter mit Psychologie zu tun? Einige Befunde. Ein zentraler Aspekt ist dabei der Zusammenhang von Mobilität und kognitiver Leistungsfähigkeit. Nach methodisch aufwendigen empirischen Längsschnittstudien, nicht zuletzt aus dem Bereich der Berliner Altersstudie (Lövden, Ghisletta & Lindenberger, 2005), kann man davon ausgehen, dass die Kausalität eher so läuft, dass eine relativ höhere Mobilität, oft in Verbindung mit anregenden Freizeitverhaltensweisen, die Stabilität kognitiver Leistungen spät im Leben befördert und nicht umgekehrt. Mit anderen Worten: Wenn wir uns gut bewegen und uns, was mit außerhäuslicher Mobilität eng zusammenhängt, allgemein vielfältig engagieren (ins Konzert gehen, Bildungsprogramme nutzen, größere Spaziergänge unternehmen, unterschiedlichste freiwillige Tätigkeiten übernehmen, im Chor singen usw.), dann tun wir sehr viel auch für unsere geistig-kognitive Gesundheit.

Dieses Gebiet der NAPs besitzt übrigens auch sehr interessante Verbindungen zu sogenannten Trainingswissenschaften, vor allem zur Sportwissenschaft, aber auch zu Arbeitsgebieten der Geriatrie, der Ergotherapie und der Krankengymnastik. So gehen unterschiedliche Formen von körperlichen Trainings mit Gewinnen in zentralen kognitiven Funktionen einher (Colcombe & Kramer 2003). Besonders wichtig sind hier vor allem die exekutiven Funktionen, die uns helfen, Handlungen zu planen und Ziele im Alltag zu verfolgen. Aber nicht nur das: Durch körperliches Training tut sich auch im Gehirn einiges: Die für eine effiziente Informationsverarbeitung wichtige »weiße Substanz« zwischen den Nervenzellen wird wieder dichter, und es können neue synaptische Verbindungen entstehen. Es werden, man denke nochmals an die weiter oben erwähnte »Scaffolding-Theorie«, gewissermaßen neue kortikale Gerüste aufgebaut, die helfen können, die kognitive Leistungsfähigkeit insgesamt länger zu erhalten. Dies ist ein ausgezeichnetes Beispiel für Prinzip 9 der NAPs (Plastizität bis ins höchste Alter).

Das gilt erstaunlicherweise sogar für ältere Menschen im Pflegeheim. Nicht zuletzt die empirischen Interventionsstudien des Sportwissenschaftlers Klaus Hauer haben deutlich gezeigt, dass es selbst bei diesen Menschen noch oft (in der Regel ungenutzte) Plastizitätsreserven gibt. So kann Training selbst bei an Demenz erkrankten alten Menschen noch einen messbaren Ertrag bringen (Schwenk et al. 2010): Ein angeleitetes, einfaches, aber sehr systematisches Üben der körperlichen Beweglichkeit, des Gehens, auch der Aufbau von Kraftreserven, kombiniert mit einfachen kognitiven Übungen (systematisches Üben mittels einfacher Additions- und Subtraktionsaufgaben), führen, durchgeführt über zwölf Wochen mit einer intensiven Sitzung pro Woche, zu deutlichen Verbesserungen der motorisch-kognitiven Leistung.

Ich selbst habe zusammen mit Klaus Hauer kürzlich eine Trainingsstudie in zwei Mannheimer Pflegeheimen abgeschlossen, bei der es darum ging, ein dem eben beschriebenen ähnliches Training mit einer psychologisch ausgelegten Schulung des Pflegepersonals im Hinblick auf die Bedeutung und Förderung der körperlichen Bewegung zu kombinieren. Zudem hatten wir die Bewohner dabei mit Sensoren ausgestattet, die uns deren Aktivitäts- und Bewegungsniveau vor und nach dem Training sowie die Art der räumlichen Nutzung des Pflegeheimes gewissermaßen automatisiert anzeigten.

Eine erste Lehre aus diesem Projekt: Ein solches Vorgehen funktioniert. Eine zweite Lehre: Die üblichen Bewegungsprogramme in Pflegeheimen sind natürlich etwas Gutes, aber sie reichen in der Regel nicht aus, bei den Bewohnern eine wirkliche Verbesserung ihrer Bewegungsfähigkeit zu erreichen. Was eine echte Verbesserung bedeuten kann, haben wir bei unserem über acht Wochen laufenden Training mehrfach erlebt, etwa wenn ein Bewohner den Rollator in der Ecke stehen lassen und wieder ohne Hilfsmittel gehen kann. Zudem haben wir deutliche Hinweise darauf gefunden, dass sich ein solches Training auch stabilisierend auf die Stimmung der Bewohner auswirkt und depressiven Erlebensweisen entgegenwirkt. Es gibt nichts Gutes, außer man tut es – auch im Pflegeheim.

Die wissenschaftliche Evidenz ist also auch in diesem Bereich recht robust. Aber es hapert an flächendeckenden Umsetzungen. Würden solche Trainings in allen deutschen Pflegeheimen durchgeführt, würde das vermutlich Milliarden an Versorgungskosten sparen. Leider gibt es dazu bislang keine Studien und gesundheitsökonomisch seriösen Schätzungen. Dennoch schlummern hier unglaubliche Potenziale der Plastizitätsnutzung selbst bei pflegebedürftigen Älteren, die unsere Gesellschaft und auch die Heimträger weitgehend ignorieren. Vielleicht will man es auch, allem Gerede vom evidenz-basierten Handeln im Gesundheitswesen zum Trotz, gar nicht wissen. Man könnte es auch noch viel platter ausdrücken: Der »Aufstieg« in Pflegestufe 2 ist für Pflegeheime und Angehörige eine relativ sichere Bank; ein Training, möglicherweise sogar mit der Folge eines »Abstiegs« in Pflegestufe 0 oder 1, wird demgegenüber fast als bedrohlich erlebt. Irgendetwas stimmt hier nicht mit unserem rehabilitativen Denken in Bezug auf ältere Menschen. Prinzip 9 der NAPs (Plastizität gibt es bis ins höchste Alter) ist in der Praxis jedenfalls nicht wirklich handlungsleitend.

»Vorsicht, ältere Autofahrer« – Zum empirischen Gehalt eines weitverbreiteten Vorurteils. Selbst Auto zu fahren ist für ältere Menschen in Deutschland wichtig. Sie sind insgesamt zufriedener mit ihren Mobilitätsmöglichkeiten, wenn sie auch weiterhin selbst am Steuer sitzen. Wie aber soll eine stark alternde Gesellschaft wie die deutsche mit dem immer größeren Anteil an älteren Autofahrerinnen und Autofahrern umgehen? Es sind nicht zuletzt Ergebnisse der NAPs zu altersbezogenen Verlusten bei der kognitiv-sensorisch-motorischen Leistung, die uns dazu verleiten könnten, das Autofahren spät im Leben als ein risikoreiches Unterfangen für die Fahrerinnen und Fahrer selbst, aber auch für andere anzusehen. Spektakuläre Unfälle von älteren Menschen (»Alter Mann fährt mit seinem Auto voll in einen Friseursalon«; »85-Jähriger verwechselt Bremse mit Gaspedal«) finden in den Medien ein großes Echo, ähnliche Unfälle von Angehörigen anderer Altersgruppen hingegen nicht. Und Ältere gestalten ja auch hier vielfach ihre Entwicklung und ihr Handeln, indem sie ihren Aktionsradius reduzieren und sich vor allem auf ihnen vertraute Strecken mit möglichst wenigen Anforderungen an das fahrerische Können konzentrieren.

Die harten Fakten sind vielschichtig und nicht so eindeutig, wie bisweilen in der öffentlichen Diskussion behauptet wird (siehe dazu Claßen et al. 2014). Gemessen an ihrem Bevölkerungsanteil sind ältere Menschen sogar unterdurchschnittlich oft an polizeilich dokumentierten Autounfällen beteiligt. Allerdings sind ältere Menschen zunehmend häufiger Verursacher von Unfällen. Bei allen Unfällen, an denen über 80-Jährige beteiligt sind, sind sie zu rund 80 Prozent auch die Verursacher. Insgesamt ist es allerdings so, dass bei einer komplexeren Betrachtung von individuellen Leistungsbeeinträchtigungen (z.B. im kognitiven Bereich), bereits erfolgten kompensatorischen Anstrengungen (siehe oben) und auch Persönlichkeitsmerkmalen das rein kalendarische Alter immer mehr in den Hintergrund tritt. Das bedeutet im Umkehrschluss: Es existiert bei den über 65-Jährigen eine mindestens 50 Prozent umfassende Untergruppe, die so sicher fährt wie jüngere Autofahrer. Bei den »jungen Alten« (65–74 Jahren) sind es vor allem risikofreudige Menschen mit einer bereits bestehenden, lebenslangen Unfallgeschichte, die in Unfälle verwickelt sind. Bei Menschen noch höheren Alters scheinen eine relativ hohe Anzahl an Krankheiten und auch Medikamenteneinnahme für die Unfallverursachung eine Rolle zu spielen, und zwar selbst dann, wenn eine hohe Risikowahrnehmung besteht und das Autofahren deutlich reduziert wurde.

Jegliche Pauschalaussage zum Autofahren im Alter ist deshalb unangebracht. Es ist wohl eine der größten und schwierigsten Aufgaben unserer mobilen Gesellschaft, in allen Altersgruppen jene Autofahrerinnen und Autofahrer zu identifizieren, die »fahrende Risiken« darstellen. Hier aber müsste man unabhängig vom kalendarischen Alter mit unterstützenden Programmen ansetzen, nicht etwa nur bei »den Älteren« oder »den über 65-Jährigen«. Darüber hinaus gilt es natürlich generell in einer Zeit hohen ökologischen Bewusstseins, die »slow modes« der Mobilität – gemeint sind vor allem zu Fuß gehen und Fahrrad fahren – zu unterstützen. Die Älteren sind hier durchaus wegweisend, denn zu Fuß irgendwo hinzugehen ist ihr präferierter Mobilitätsmodus im Alltag. Andererseits sind sie als Fußgänger und vor allem auch als Fahrradfahrer relativ stark gefährdet. Bei jedem fünften Fahrradunfall sind ältere Menschen beteiligt und oft sind die gesundheitlichen Folgen gravierend bis hin zu tödlichen Ausgängen. Und der öffentliche Nahverkehr ist für ältere Menschen natürlich sehr wichtig, aber manchmal zumindest in Teilen kein voll befriedigendes Verkehrsmittel: Schwierigkeiten beim Einsteigen, eine zu große Entfernung zu Haltestellen, ein teilweise spärliches Liniennetz etwa am Stadtrand oder in ländlichen Regionen), Angst vor Pöbeleien, Kriminalität oder altersdiskriminierenden Aussagen. Haben Sie schon einmal eine hochaltrige Person in der U-Bahn gesehen? Hier ist ein ganzes Verkehrssystem, das Jüngere sehr schätzen, über weite Strecken altersfeindlich.

Querdenken: Verbindungen zwischen Drinnen und Draußen und zwischen räumlichen und sozialen Umwelten. Natürlich ist es falsch, wenn wir Wohnen und (außer-)häusliche Mobilität voneinander trennen. Beides gehört in einer wissenschaftlichen Betrachtung unbedingt zusammen. Ältere Menschen verbringen viel Zeit in den eigenen vier Wänden, aber häufig wird die Zeit außerhalb derselben als besonders wertvoll empfunden. Das Treffen zum Kaffee mit der Freundin, der Besuch einer Bildungsveranstaltung, ein Museumsbesuch, das sind häufig die »Highlights« eines Tages. Andererseits ist der Alltag zu Hause auch die Zeit der Sicherheit, der Privatheit, des Rückblicks auf das eigene Leben, des sich völlig kompetent Fühlens, des vielfältigen Genießens von »Daheim-Sein«. Auch sollte man die räumliche Umwelt nicht von der sozialen Umwelt trennen und umgekehrt (Lang & Wahl 2006). Beide Bereiche bieten älteren Menschen einerseits Möglichkeiten einer »Agency«, andererseits aber auch von »Belonging«. Ich gestalte meine Wohnung um und investiere in meine Freundschaften, aber ich genieße auch die Vertrautheit eines mir lieben Ortes sowie einer lieben anderen Person. In beiden Bereichen wird zudem die »Belonging«-Komponente wichtiger, je älter Menschen werden. Am Ende des Lebens verschmelzen die mir persönlich wichtig gewordenen und wichtig gebliebenen Orte und Menschen besonders stark, werden zu einer, meiner Um- und Mitwelt. Hier gehöre ich sozial und räumlich hin am Ende des Lebens. Das ist vermutlich eine der wichtigsten Erfahrungen, um diese Welt mit dem Gefühl eines »Es war gut« zu verlassen.

Technik und virtuelle Räume des Alterns

Prinzip 7 der NAPs besagt, dass Altern stets als kontextuell eingebunden zu sehen ist. Wohnen und Mobilität sind dabei sicherlich zentral, aber auch Technologien als eine (noch) neue und immer wichtiger werdende Umwelt spielen für ältere Menschen zunehmend eine Rolle. Das Thema Altern und Technologien – ich nenne es Gero-Technologie – hat in den letzten 20 Jahren einen enormen Aufschwung genommen – in der realen Welt des Älterwerdens ebenso wie als Forschungsfeld.

Technologien für das Alter und für alle Generationen – auch hier wächst ein »neues« Alter und eine neue Alternspsychologie heran. Ältere sind heute vielfach im Internet unterwegs, sie suchen dort alle möglichen Informationen, nicht zuletzt aus dem Bereich Gesundheit. Studien aus den USA zufolge glauben Ältere gerade internet-gestützten Informationen heute schon mehr als ihrem Hausarzt. Auch erledigen Ältere immer häufiger ihre Einkäufe über das Internet. Gleichzeitig werden über das Internet zunehmend alle möglichen Bildungs- und Trainingsprogramme (z. B. kognitives Training, Kraftaufbauprogramme, Bildungsprogramme aller Art) angeboten und auch von älteren Menschen genutzt. Smartphones und Tablet-Computer finden auch bei älteren Menschen zunehmend positive Resonanz. Sie sind mobil nutzbar, und vor allem Tablet-Computer werden als sehr benutzerfreundlich erlebt. Mit der Technik- und vor allem Internetnutzung sind längst auch neue soziale Kommunikations- und Austauschformen entstanden. Fotos der Wandererfahrungen der Großeltern gehen »online« sofort an die Enkel; mit Programmen wie

»WhatsApp« und Ähnlichem hat sich ein historisch völlig neues Miteinander, oftmals im familiären Kreis, herausgebildet. Immer häufiger suchen Ältere auch im Netz, in entsprechenden Partnerschaftsbörsen, nach neuen sozialen Erfahrungen. Eine zwar noch kleine, aber wachsende Gruppe nutzt zudem das Internet, ähnlich wie vor allem Jugendliche, um sich selbst zu inszenieren und »Identitätsarbeit« im Netz zu betreiben (siehe Misoch, Doh & Wahl 2014). Ältere werden – Prinzip 5 der NAPs – verstärkt auch durch internetgestützte Medien zu Gestaltern ihrer eigenen Entwicklung.

Darüber hinaus tritt auch das Thema der Robotik für ältere Menschen zunehmend in den Vordergrund: Neu konzipierte Roboter könnten ältere Menschen mit Demenz unterhalten und emotional anregen; die Roboterrobbe Paro tut dies in japanischen Pflegeheimen bereits heute relativ flächendeckend und vereinzelt auch schon in Deutschland. Roboter können ferner ältere Menschen mit motorischen Schwierigkeiten entsprechend ihren individuellen Bedürfnissen unterstützen (z.B. bei Toilettengängen). Für gesundheitlich beeinträchtigte ältere Menschen gibt es längst Notrufsysteme, aber neuerdings auch Sensorsysteme, die Stürze frühzeitig erkennen helfen und Vitalfunktionen erfassen, um eventuell notwendige medizinische Handlungen frühzeitig zu aktivieren. Sogenannte Smart Homes können den Alltag älterer Menschen erleichtern, etwa indem Rollläden und Raumtemperatur automatisch reguliert werden. Haushaltsgeräte überwachen sich selbst (Ist der Kühlschrank noch ausreichend gefüllt?), geben Bedien- und Handlungshinweise (Bitte einkaufen, und zwar die folgenden Dinge …) und stellen sich selbsttätig ab, falls der ältere Mensch dies vergessen sollte.

Auch in Bezug auf die außerhäusliche Mobilität älterer Menschen werden Technologien wahrscheinlich große Bedeutung gewinnen. Experimentiert wird etwa mit der Verwendung von sogenannten Exoskeletts zur Unterstützung des Gehens von motorisch eingeschränkten älteren Menschen. Exoskelette sind den Körper stützende Robotersysteme, die (auch) ältere Menschen sich anziehen können. Mit Hilfe elektronischer Steuerung können auf diese Weise verlorengegangene Kräfte kompensiert werden. Sensorsysteme können ferner die Wege von Älteren aufzeichnen und erlauben es beispielsweise Angehörigen, die Bewegungsmuster von älteren Familienangehörigen, die Schwierigkeiten mit der räumlichen Orientierung haben, in Echtzeit mitzuverfolgen. Überhaupt darf in diesem Zusammenhang nicht vergessen werden, dass Technologien auch Angehörige von hilfe- und pflegebedürftigen älteren Menschen effizient und entlastend unterstützen können.

Bei alledem kann und sollte selbstredend auch die professionelle Pflege im Bereich der Gero-Technologie eine herausragende Rolle spielen. Hier herrscht noch viel Skepsis, und eine kritische Haltung ist an dieser Stelle auch durchaus zu begrüßen. Gero-Technologie sollte schließlich nicht primär den Zweck haben, menschliche Pflege und Zuwendung zu ersetzen. Andererseits werden zukünftige Kohorten von (pflegebedürftigen) älteren Menschen im Umgang mit ihren Kompetenzverlusten in hohem Maße auf Technologien setzen. Die Pflege-Profis sollten diese Transformationsprozesse kritisch-konstruktiv begleiten und auf diesem Wege auch ihr eigenes Expertiseprofil ausbauen und damit ihre professionelle Identität insgesamt stärken.

Die Welt des Älterwerdens und der Pflege hat sich durch all diese Entwicklungen bereits heute deutlich verändert.

Es spricht vieles dafür, dass sich diese Entwicklungen in Zukunft noch beschleunigt fortsetzen werden. Altern wird in 20 oder 30 Jahren nicht zuletzt auch deshalb völlig anders aussehen als heute, weil Gero-Technologie im Alltag älterer Menschen einen immer größeren Stellenwert gewinnen wird. Ältere Menschen werden dann ganz selbstverständlich mit Robotersystemen umgehen, sich von diesen unterstützen, unterhalten und anregen lassen; sie werden ähnlich wie Jüngere in virtuellen Welten unterwegs sein, sich in den Nachfolgeformaten des heutigen Internets informieren und sozial kommunizieren und interagieren; das Internet der Dinge wird auch ihr Leben voll erfasst haben; Sensortechnologien werden in- und außerhalb ihrer Wohnungen auf vielfältige Weise Verhalten und vor allem Bio-Indikatoren erfassen und diese Informationen für Vorsorgeprogramme und Therapieverfahren verwenden.

Technik-Gehirn-Kopplungen werden in atemberaubender Geschwindigkeit entwickelt werden und dabei nicht zuletzt die Älteren im Auge haben: Wir werden sehr wahrscheinlich in den kommenden 25 Jahren die ersten Chips haben (oder wie immer diese dann genannt werden), die die kognitive Leistung von älteren Menschen mit Demenz zumindest partiell ersetzen sollen. Um diese Entwicklungen, die sehr stark in die Psyche der künftigen älteren Menschen eingreifen und offensichtlich auch viele ethische Fragen aufwerfen, in die richtige Richtung zu lenken, bedarf es sehr viel mehr guter Forschung. Das Thema der Gero-Technologie muss zu einem zentralen Thema der NAPs werden.

So ist die Überlagerung der demografischen Alterung mit den fortschreitenden Übergängen unserer Gesellschaften in zunehmend digitalisierte und virtualisierte »Welten« – zwei Megathemen unserer Gesellschaft – in den letzten

Jahren zunehmend in den Forschungs- und Anwendungsblick der NAPs gerückt. In der europäischen Forschungslandschaft wird häufig auch von Ambient Assisted Living (AAL) gesprochen. Offensichtlich stehen hier stark interdisziplinäre Forschungsaufgaben an, denn bei all diesen Entwicklungen sind maßgeblich z. B. auch Ingenieure, IT-Spezialisten und Designer beteiligt. Dennoch kommt hier der NAPs eine wichtige Rolle zu. Fragen etwa zur Rolle der kognitiv-sensorisch-motorischen Leistungen, zu Selbstwirksamkeit, zu Einstellungen und Akzeptanz, zu Auswirkungen auf Autonomie, Wohlbefinden und Identität sind für die Gero-Technologie-Forschung zentral und bedürfen des Inputs durch die NAPs.

Ein bisschen Theorie zur psychologischen Gero-Technologie-Forschung. Der Einsatz von Technik bietet vielfältige Potenziale für ein erfolgreiches Altern. Das in der NAPs gut etablierte SOK-Modell (siehe weiter oben) bezieht sich auf die altersbedingt nachlassenden Ressourcen des Organismus und lässt sich auch gut auf die Techniknutzung älterer Menschen übertragen: Techniknutzung kann (1) die Selektion unterstützen; so hilft z. B. bei einer Mobilitätsbeeinträchtigung der Internetauftritt des Nahverkehrs, die barrierefreien Haltestellen zu finden; (2) im Sinne der Kompensation dem Ausgleich nachlassender körperlicher und kognitiver Fähigkeiten dienen; und (3) diese Funktionen optimieren und entwicklungsförderliches und anregendes Potenzial bieten, z. B. hinsichtlich der Selbstständigkeit oder der außerhäuslichen Mobilität.

Das SOK-Modell zeigt auch, dass es völlig verkehrt wäre, wollte man den psychologischen Nutzen von Technikanwendung im höheren Lebensalter nur auf die zweifellos wichtige Rolle der Kompensation reduzieren. Natürlich soll Technik helfen, altersbedingte Einschränkungen, hier vor allem der Bewegungsfähigkeit, Koordination und Kraftreserven, auszugleichen. Bedeutsamer könnte es aber langfristig gesehen sein, dass Technologien neue Formen des sozialen Miteinanders unter den Älteren und zwischen den Generationen ermöglichen, vielleicht sogar »Welterfahrungen« nur im virtuellen Raum, etwa bei schweren Mobilitätseinbußen. Auch gibt es zwischenzeitlich alle möglichen Formen von computer- bzw. internetgestützten Spielen (man spricht auch von Serious Games), die gewissermaßen spielerisch körperliche Trainings anbieten und kognitiv stimulieren.

Forscher des Max-Planck-Instituts für Bildungsforschung in Berlin entwickelten auf der Basis der SOK-Strategien drei zentrale psychologische Prinzipien zur Evaluation von Technik (Lindenberger et al. 2008). Das erste Prinzip namens »Net Resource Release« meint, dass die Techniknutzung nur dann adaptiv ist, wenn die Bedienungskosten niedriger sind als der Nutzen bezüglich der freigesetzten kognitiven Ressourcen. Alltagssprachlich formuliert: Der Aufwand, den es kostet, eine bestimmte Technologie zu nutzen, darf nicht größer sein als der Nutzen, der sich für ältere Menschen aus der Technologieanwendung ergibt. Gerade für ältere Menschen, das zeigen Befunde der NAPs, ist es sehr wichtig, dass die Nutzung einer Technologie relativ rasch erlernt werden kann und möglichst schnell einen unmittelbaren Gewinn sichtbar macht.

Das zweite Prinzip der Personenspezifität betont die Relevanz der Anpassung der Technik an individuelle Gewohnheiten und Fähigkeiten der älteren Nutzer. Im Idealfall stellen Technologien »lernende« Systeme dar, die sich an die jeweiligen Gegebenheiten spezifischer älterer Menschen anpassen können. Ein Robotersystem sollte idealerweise durch die Interaktion mit einem älteren Menschen rasch lernen, was dieser noch kann – und was nicht. Und nur dort helfen, wo es tatsächlich einen Bedarf gibt. Sonst besteht nämlich immer die Gefahr, dass Technologien zu viel für den älteren Menschen übernehmen und damit zum Verlust von noch vorhandenen Kompetenzen durch Nicht-Gebrauch führen. Ähnlich wie bisweilen auch in der menschlichen Pflege wären solche Systeme über-protektiv und damit eher schädlich für ältere Menschen.

Das dritte Prinzip des proximalen vs. distalen Beurteilungsrahmens beschreibt die Abhängigkeit der Potenziale und Risiken der Techniknutzung von der betrachteten Zeitspanne. Zum Beispiel kann durch Techniknutzung Belastung oder Anstrengung kurzfristig reduziert werden und diese freigewordenen Ressourcen lassen sich anderweitig nutzen. Ein banales Beispiel wäre der immer weiter verbreitete Rasenmähroboter. Langfristig können allerdings auch Folgen eintreten, die nicht erwünscht sind: Man denke z. B. an die ständige Nutzung von Navigationssystemen, die möglicherweise ein Nachlassen der räumlichen Orientierungsfähigkeit zur Folge hat.

Viel genutzt auf dem Gebiet der Technikakzeptanzforschung wird auch das sogenannte Technikakzeptanz-Modell (siehe Abbildung 10).

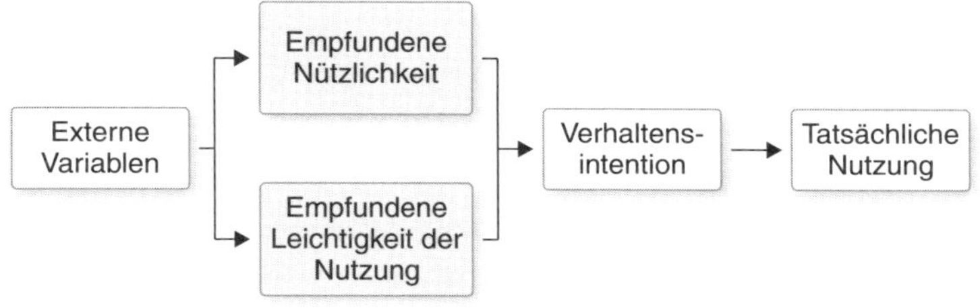

Abb. 10: Das Technikakzeptanz-Modell

Im Modell wird angenommen, dass die Intention, eine Technik zu nutzen (»Verhaltensintention«), von zwei Überzeugungen bestimmt ist: von der empfundenen Nützlichkeit sowie von der empfundenen Leichtigkeit der Nutzung. Erfüllen zwei Geräte die gleiche Funktion, wird dasjenige eher akzeptiert werden, das leichter zu nutzen ist. Das Kästchen zu »Externen Variablen« in Abbildung 10 ist eine Art Platzhalter für vielfältige weitere Variablen, die in Bezug auf das Zusammenspiel von empfundener Nützlichkeit und Leichtigkeit der Nutzung ebenfalls eine Rolle spielen können. Eine solche Variable ist etwa die Selbstwirksamkeit, also die bei sich selbst erlebte Fähigkeit, etwas in der Umwelt im Sinne eigener Lebensziele in Gang setzen und bewirken zu können. Das Technikakzeptanz-Modell hatte ursprünglich ältere Menschen gar nicht im Sinn, sondern befasste sich vor allem mit Technikakzeptanz-Prozessen in Unternehmen. Doch warum sollte es nicht auch für Gero-Technologien gelten?

Einige empirische Befunde aus der psychologischen Gero-Technologie-Forschung. Einzelne Komponenten des Technikakzeptanz-Modells wurden zuletzt verstärkt auch in der NAPs untersucht. Insgesamt kann die Rolle von Einstellungs- und Bewertungsdimensionen auf die Technikakzeptanz und die Techniknutzung auch in Bezug auf ältere Menschen (und ihre Angehörigen) als bestätigt gelten. In Forschungsarbeiten zur Computerakzeptanz und Internetnutzung werden zudem häufig spezifische Selbstwirksamkeitserwartungen erfragt, für die dann überwiegend negative Zusammenhänge mit dem Lebensalter und positive Beziehungen zur Nutzungsintention und Nutzungsbreite gefunden werden. Mit anderen Worten: Ältere Menschen gehen heute noch häufig davon aus, dass das Internet nichts für sie ist bzw. sie hier eher versagen können. Wenn es demgegenüber allerdings gelingt, bei älteren Menschen eine höhere internetbezogene Selbstwirksamkeit aufzubauen (z. B. in entsprechenden Kursen), dann entsteht eine Haltung des »Das kann ich ja doch«, die dann auch auf andere Technologien ausstrahlen kann.

Fazit: Technik und Alter werden eine neue Liaison eingehen. Insgesamt spricht alles dafür, dass Gero-Technologie das alltägliche Leben älterer Menschen und damit ihre Lebensqualität in Zukunft vielschichtig beeinflusst. In diesem Zusammenhang wurde der Begriff der »Quality of Life Technologies« etabliert, der (nur) solche Systeme und Geräte umfasst, die die Lebensqualität der (älteren) Nutzer unmittelbar positiv beeinflussen (Schulz et al. 2015). Eine solch normative Komponente ist auch für die Technologieforschung und -beratung durch die NAPs hilfreich: Gute Technologien für Ältere sind letztlich jene, die nachweislich deren Lebensqualität unterstützen und verbessern helfen, sei es durch eher kompensatorische oder eher optimierende Funktionen. Wenn beispielsweise ein Roboter bei einem hochaltrigen, von zahlreichen Gebrechen geplagten und im Gehen stark beeinträchtigten Menschen Anforderungen im häuslichen Alltag vielfältig, effizient und bedürfnisgerecht unterstützt, dann könnte es sein, dass dadurch Ressourcen freigesetzt werden, die es diesem Menschen nun besser erlauben, z. B. Bildungsziele oder soziale Kontaktziele zu verwirklichen.

Die zunehmende Nutzung von Technologien stellt aber auch ihrerseits einen Faktor dar, der das zukünftige Alter wahrscheinlich deutlich verändern wird. So könnte eine umfassende Techniknutzung im Alter möglicherweise deutliche Auswirkungen im Hinblick auf das Erleben von Autonomie und Gesundheit haben, also auf Bereiche, die alle grundsätzlich negativ mit Alter korreliert sind (siehe bereits Mollenkopf, Oswald & Wahl 1999). Geeignete Technologien könnten dazu führen, dass typische Verluste der Selbstständigkeit deutlich abgemildert werden, verbunden mit einem stärker »kontextuellen« Verständnis von Technik: Solange die Technik mir hilft, meine Handlungsziele zu erreichen, bin ich selbstständig, auch wenn ich dies aufgrund von motorisch-sensorisch-kognitiven Einbußen ohne Technik nicht mehr könnte. In ähnlicher Weise könnten sich auch Auswirkungen auf Gesundheitsbewertungen ergeben bzw. sogar ein neues Verständnis von Gesundheit entstehen, das die unterstützende und fördernde Rolle von Technik miteinbezieht. Daneben könnten neue Technikkompetenzen auch das Gesundheitsbewusstsein und gesundheitsbewusstes Verhalten älterer Menschen insgesamt stärken. Wahrscheinlich werden auch die Älteren von morgen sich in großem Stil »tracken« –, und auf die unmittelbare Erfassung biologischer Funktionen abzielende Systeme nutzen, um auf diesen Daten aufbauend ihre Gesundheit zu regulieren und sich Handlungsvorschläge für die Art und

Intensität von Trainingsprogrammen oder die Konsultation von Professionellen (Ärzte, Psychologen, Ergotherapeuten etc.) einholen. Damit erscheint auch ein Megathema der psychologischen Alternsforschung und natürlich der Alternsforschung überhaupt in neuem Licht: Gesundheit und Krankheit im hohen Alter.

Gesundheit und Krankheit – im Alter kaum zu trennen

Allen Vorstellungen eines erfolgreichen Alterns ist bislang eines gemeinsam: Die Bewahrung von Gesundheit gilt als Schlüsselkriterium für ein befriedigendes und erfülltes Leben, das ja immer länger wird. Länger leben nur in Krankheit, das wäre für die meisten von uns keine besonders attraktive Vorstellung. Generell ist Gesundbleiben eines der individuell bedeutendsten Lebensziele. Das wünschen wir uns gegenseitig immer häufiger (z. B. bei Geburtstagen), je älter wir werden.

Krankheiten im höheren Alter spiegeln demgegenüber die Verlustseite des Älterwerdens »par excellence« wider. Hier sind das Soma und die Psyche objektiv betroffen; hier geht es um harte biologische Fakten, um körperliche und psychische »Zerstörung«. An dieser Front werden die Verfechter erfolgreichen Alterns (zu denen ich auch gehöre) nun wahrlich keine Chance haben, sollte man meinen, und so sehen es bis heute große Teile der Öffentlichkeit und wohl auch weite Teile der Medizin. Zweifellos hat die öffentliche und sozialpolitische Diskussion recht, wenn sie einen engen negativen Zusammenhang zwischen Alter und Gesundheit postuliert. Wir werden mit zunehmendem

Alter immer kränker – das ist eine Art fundamentales Gesetz des Lebens über lange Zeiträume. Auch in der wissenschaftlichen Alternsforschung war und ist die mit dem Älterwerden steigende Krankheitshäufigkeit zentral. Schon vor etwa 100 Jahren ist daraus ein neues Fachgebiet der Medizin entstanden – die Geriatrie, die sich auf Erkrankungen im höheren Lebensalter konzentriert.

Auf der anderen Seite ist es ausgesprochen bedeutsam, wie gesund wir uns fühlen. Was bedeutet es, dass alte Menschen über 70 Jahre auf der einen Seite im Durchschnitt drei bis vier medizinische Krankheitsdiagnosen gleichzeitig aufweisen, sich auf der anderen Seite häufig aber als weitgehend gesund erleben und beschreiben?

Wichtig dabei ist, dass das subjektive Erleben von Gesundheit/Krankheiten in stärkerem Maße als objektive Krankheiten und Funktionseinbußen auch einer der wesentlichen Faktoren für Wohlbefinden und Lebenszufriedenheit ist. Subjektive Bewertungen haben also etwas durchaus Mächtiges an sich, und sie spielen eine zentrale Rolle für Prinzip 5 der NAPs (Gestalter unseres eigenen Alterns). Allerdings könnte man auch sagen: Das Schönreden und »Schön-Fühlen« von Krankheiten und gesundheitlich-funktionalen Einschränkungen ist auf längere Sicht gesehen vielleicht keine »reife« Umgangsweise mit dem Älterwerden, ja, verhindert sogar vorsorgendes Handeln und frühzeitige Behandlungen.

Es geht wohl um beides: die Macht der subjektiven Interpretationen (auch) spät im Leben zu würdigen und »auszuleben« und gleichzeitig die eigene »objektive« Körperlichkeit sehr gut im Auge zu behalten, achtsam zu sein, sich gesundheitsbewusst zu verhalten und nicht vorschnell zu sagen: »Das ist halt jetzt mein Alter«, wenn effiziente

Behandlungs- und Rehabilitationsformen verfügbar sind. Diesen Spagat über die gesamte Altersphase hinweg müssen wir hegen und pflegen, aber auch aushalten.

Ein vertiefter Blick auf Alter, Krankheit und Kohorte – Wir werden immer gesünder und kränker. In Kapitel 1 wurde die allgemeine Verbesserung der (funktionalen) Gesundheit über die Kohorten hinweg als bedeutsame Errungenschaft des neuen Alterns beschrieben. Und das ist sie auch. Dennoch ist die Sachlage komplexer, denn dabei überlagern sich verschiedene Trends: Dadurch, dass wir immer älter werden, kommen auch immer mehr Menschen in eine potenziell sehr fragile späte Lebensphase, in der die Wahrscheinlichkeit von Krankheiten und Pflegebedürftigkeit deutlich ansteigt. Gehen am Ende die gewonnenen Jahre durch Krankheit und eine »Unhealthy Life Expectancy«, wie das in der internationalen Literatur genannt wird, wieder verloren?

Einiges spricht derzeit dafür, dass es in Deutschland im statistischen Mittel zunehmend gelingt, die Phase von Hilfe- und Pflegebedürftigkeit spät im Leben kontinuierlich zu verkürzen. Man nutzt hier das Konzept der verbleibenden gesunden Lebenserwartung und meint dabei nicht nur sich verkürzende Krankheitsphasen, sondern auch bewahrte Kompetenzen im Bereich der alltäglichen Aktivitäten (ADL) wie Selbstpflege, Einkaufen, Kochen oder die Nutzung von öffentlichen Verkehrsmitteln.

Sehr intensiv diskutiert wurde in diesem Zusammenhang in der Alternsforschung die Hypothese einer »Compression of Morbidity« (also einer Verdichtung von Krankheiten). Die amerikanischen Sozialmediziner James Fries und Lawrence Crapo (1981) haben schon vor rund

35 Jahren behauptet, dass eine zunehmende Verdichtung von Krankheitsphasen spät im Leben gelingen könnte. Vor allem durch eine lebenslang optimale Vorsorge und die Vermeidung von Risikofaktoren (Bewegungsmangel, Rauchen, Übergewicht, ein geistig wenig anregender Lebensstil) würden mit dem Alter häufiger auftretende Krankheiten (z.B. Herz-Kreislauferkrankungen, Krebserkrankungen, Demenz) immer später auftreten – idealerweise erst dann, wenn wir, nach einem langen und guten Leben, bereits gestorben sind! Damit könnte sich die Zeit behinderungsfreier bzw. gesunder Lebensjahre spät im Leben verlängern. Es sieht nun zumindest in Deutschland in der Tat so aus, als würden wir nicht nur insgesamt immer älter werden, sondern das höhere Lebensalter auch tatsächlich längere Zeit in relativ guter Gesundheit und Kompetenz verbringen können. Zwei alte Menschheitsträume, nämlich (1) überhaupt sehr alt zu werden und (2) im fortgeschrittenen Alter einen hohen Anteil an relativ gesunden Lebensjahren zu haben, scheinen sich zunehmend zu erfüllen. Die schon im Jahre 1240 verfasste anonyme Schrift De retardatione accidentium senectutis (Über das Hinauszögern der Altersbeschwerden) scheint fast 800 Jahre später Wirklichkeit geworden zu sein.

Doch dies ist leider nur die halbe Wahrheit – und ihr schönerer Teil. Clemens Tesch-Römer und ich haben den Versuch unternommen, die bislang vorliegenden Daten in ihrer Gesamtheit zu würdigen. Dabei sind wir zu dem Ergebnis gekommen, dass wohl mittel- und langfristig beides gilt: Die Phase der Jahre mit Behinderung wird vor allem im jungen Alter (ca. 65–80 Jahre) zunehmend kürzer, aber später im Leben, jenseits von 80 oder 85 Jahren, werden wahrscheinlich Zeiten der Hilfe- und Pflegebedürftigkeit mit dem weiter zunehmenden Anstieg der »fernen Lebenserwartung« auch zunehmend länger. Man könnte auch sagen: Die Fortschritte in der medizinischen Behandlung, verbunden mit höherer Bildung, gesünderer Ernährung, einem gesünderen Lebensstil bereits früher im Leben, stärken das Dritte, jedoch nicht so sehr das Vierte Alter. Dieses dehnt sich immer weiter aus, sieht heute vielfach Menschen, die früher längst verstorben wären (viele auch früh im Leben sehr ernst erkrankte Menschen werden heute sehr alt) und wird damit letztendlich trotz aller »Lebenslänge« gleichzeitig auch wieder geschwächt. Man könnte auch sagen: Das Glas des gesundheitlichen Älterwerdens ist gleichzeitig halb leer und halb voll (Tesch-Römer & Wahl 2017).

Daraus ergeben sich sehr schwerwiegende Implikationen für das Altwerden in der Zukunft: Wir durchleben eine lange Phase des Älterwerdens, im Schnitt etwa 15 Jahre, die eigentlich nur wenig mit »Altsein« zu tun hat. Fast alles können wir genauso gut machen wie früher; manches Neue fangen wir sogar erst in diesem Lebensabschnitt an (so gibt es eine neue Welle von Existenzgründungen in dieser Lebensphase in Deutschland). Danach aber folgt eine nicht kurze Lebensphase, im Schnitt etwa fünf Jahre, in der sich unser Leben nicht selten gegenüber dem Dritten Alter völlig verändern wird. Hier werden häufig Hilfe- und Pflegebedarfe eintreten und die hohen Verletzlichkeiten des Lebens voll zutage treten.

Insofern müssen wohl auch Konzepte wie das des erfolgreichen Alterns neu durchdacht werden. Hatte man dieses Konzept bislang vor allem für jene Älteren reserviert, die möglichst wenig oder keine gesundheitlichen Einbußen aufweisen (eine Minderheit von nur etwa 20 Prozent der Älteren), so erscheint es mir als Kardinalfehler, diese Gruppe abzuspalten. Zum Altern gehört in Zukunft noch viel stärker als heute beides: eine unglaubliche und historisch völlig neue Leistungsfähigkeit mit vielen Möglichkeitsräumen und Entfaltungsreserven, aber auch eine Phase der Angewiesenheit auf helfende und pflegende Andere einschließlich professioneller Dienste. Beides muss »erfolgreich« verlaufen können, allerdings mit dem Unterschied, dass wir gerade für das künftige Vierte Alter wegkommen müssen von Vorstellungen einer überzogenen individuellen Autonomiebewahrung und von der Idee, nur Aktivität beweise, dass wir gut altern. Um die weiter oben eingeführten Begriffe noch einmal aufzugreifen: Eine deutlich veränderte und in tiefer Zwischenmenschlichkeit (nichts anderes sollte Pflege doch sein) gelebte andere »Agency« des gemeinsamen Gestaltens und auch Ertragens, verbunden mit »Belonging«-Prozessen des »Hier-gehöre-ich-hin« – wird in Zukunft ein wichtiges Element von erfolgreichem Altern bilden.

Gesundheit und Krankheit spät im Leben – Einige schwierige Fragen und Antwortsuche für die Zukunft. Bis heute hält die Diskussion darüber, ob Alter letztlich mit Krankheit gleichzusetzen ist, an. Zwar würde ich dies bestreiten, aber schwierige Fragen bleiben: Es ist und bleibt schwer zu entscheiden, ob ein schlechter werdender Gesundheitszustand spät im Leben auf Krankheitsprozessen beruht oder Ausdruck von Alternsprozessen ist. Unbestritten ist die Annahme, dass Krankheits- und Alternsprozesse sehr eng miteinander verwoben sind und eine eindeutige Differenzierung nur schwer gelingt. Dennoch ist die Unterscheidung zwischen Krankheits- und Alternsprozessen zentral. Bei

Behandlungsentscheidungen ist es durchaus wichtig, ob ein alternsbezogener Veränderungsprozess vorliegt, der eventuell durch Interventionen nur etwas gelindert werden kann, oder ob eine Krankheit vorliegt, die effizient behandelt werden kann. Bestimmte Erkrankungen sind freilich sehr eng mit dem Älterwerden verknüpft, etwa Schlaganfall, viele Krebserkrankungen, Erkrankungen des Bewegungsapparats oder Erkrankungen der Sinne.

Nehmen wir noch einmal das Beispiel der altersabhängigen Makuladegeneration (AMD), die häufigste Ursache für schwere Seheinschränkungen im höheren Lebensalter. Sie tritt, wie der Name schon sagt, vor allem spät im Leben auf und äußert sich als degenerative Veränderung des Bereichs des schärfsten Sehens auf der Retina, eben der Makula. Wahrscheinlich spielen dabei vielfältige Prozesse (z.B. Nährstoffzufuhr in die Retina, die mit zunehmender Lebenszeit zunehmend weniger effizient wird, altersabhängige Gewebeveränderungen, auch genetische Veranlagungen) eine Rolle.

Die Folgen im Alltag sind gewaltig: Das Lesen funktioniert immer weniger gut, und aufgrund eines Flecks mitten im Gesichtsfeld fällt es schwer, Umgebungsreize (z.B. Gesichter anderer Menschen) zu fixieren und sich sicher fortzubewegen. Weltweit wird derzeit mit Hochdruck daran gearbeitet, die Behandlungsmöglichkeiten zu verbessern, doch ein durchschlagender Erfolg ist bislang nicht zu verzeichnen. Man fühlt sich ein wenig an die weltweit ebenfalls überaus intensiven Forschungen zur Behandlung von demenziellen Erkrankungen erinnert, auch ein Krankheitsbild mit eindeutigem Bezug zu hohem Alter. Ist dies ein Kampf der (vor allem medizinischen) Wissenschaft gegen das Alter an sich? Oder gegen ein fest umrissenes

Krankheitsbild? Bislang ist dieser Kampf gewissermaßen unentschieden, aber bei einer kleineren Gruppe von AMD-Patienten gibt es inzwischen bedeutsame Heilerfolge.

Und bei jenen, bei denen keine medizinisch-ophthalmologischen Erfolge möglich sind, wird psychosoziale Unterstützung überaus bedeutsam. Inzwischen werden vor allem sogenannte Selbst-Management-Programme angeboten, bei denen ältere Menschen mit AMD, oft in Gruppen, lernen können, wie sie ihren Alltag auch emotional und durch gezielte Formen des Problemlösens einigermaßen gut bewältigen. Aus der Sicht der betroffenen älteren Menschen ist es demnach überaus bedeutsam, wie sie in der Regel langsam eintretende, aber dann progredient fortschreitende Seheinschränkungen selbst interpretieren. Sagen sie, das ist alles das Alter, dann unterwerfen sie sich in starkem Maße einer (angeblich) nicht kontrollierbaren biologischen Altersdynamik, sie fühlen sich gewissermaßen als Opfer eines Altersschicksals, das uns alle ereilt. Sehen sie sich hingegen gerade auch im Bereich der Gesundheit als Gestalter ihrer Entwicklung, dann tun sie wahrscheinlich sehr viel, um an die besten Behandlungsinformationen zu eingetretenen Gesundheitseinbußen zu kommen, und sie erkennen hoffentlich auch die Bedeutung von psychischen Unterstützungsprozessen, wenn medizinische Behandlungen nur begrenzt möglich sind.

Ich selbst glaube fest daran, dass die älteren Menschen der Zukunft eine neue Form der »Gesundheits-Agency« entwickeln werden und müssen. Es wird aufgrund der steigenden Lebenserwartung weiterhin längere Phasen des Lebens mit chronischen gesundheitlichen Einbußen geben: Sehen und Hören werden bei vielen dauerhaft geschädigt sein, die Bewegungsfähigkeit wird für viele dauerhaft eingeschränkt sein, andere chronische Erkrankungen (Diabetes, Herz-Kreislauf, Krebs) werden uns lange Zeit malträtieren, und es wird weiterhin vor allem im sehr hohen Alter eine Gruppe von Personen geben, die eine allgemeine Schwächung, vor allem auch in ihrem Muskelsystem, aufweisen (Frailty, manchmal auch mit dem unschönen deutschen Begriff »Gebrechlichkeit« belegt). Die vor allem psychologische Frage lautet: Wie gehen ältere Menschen mit dieser dauerhaften Multimorbidität um? Auf Erfahrungen aus dem früheren Leben kann man hier in aller Regel nicht zurückgreifen. Diese Lebenssituation ist in der Tat »einmalig« für das späte Leben und vor allem für das Vierte Alter. Hier wird es sehr darauf ankommen, psychische Prozesse des Umgangs mit dieser Situation in den Blick zu nehmen und systematisch zu fördern.

Nehmen wir nochmals das Beispiel AMD: Wir haben in unseren Forschungsarbeiten herausgefunden, dass Betroffene der AMD nicht völlig hilflos gegenüberstehen. So haben wir in einer Studie mit über 75-jährigen Sehbeeinträchtigten, die meisten AMD-Patienten, zeigen können, dass sich bei diesen der Zusammenhang zwischen Alltagskompetenz und geistiger Leistungsfähigkeit deutlich enger darstellt als bei normal sehenden Älteren (Heyl & Wahl 2012). Ältere Menschen mit AMD greifen demnach in stärkerem Maße als Sehende auf kognitive Ressourcen zurück, um einigermaßen gut im Alltag zu funktionieren. Das ist hilfreich. Jüngst fanden wir zudem an einer Stichprobe von über 350 AMD-Patienten, die über drei Jahre hinweg alle sechs Monate psychologisch untersucht wurden, dass zielgerichtete Bewältigungsstrategien (»Ich will es schaffen«) in Verbindung mit »lindernden« Strategien (»Reisen ist mir nicht mehr wichtig«) besonders zentral zur Aufrechterhaltung von »Happiness« sind (Schilling et al. 2016). Die letzteren Strategien werden zudem immer wichtiger, je geringer die verbliebene Alltagskompetenz ist. Es geht hier also um so etwas wie ein »Management« des späten Lebens in der Konfrontation mit schwerwiegenden chronischen Erkrankungen. Da lässt sich offenbar manches gestalten und relativ gut »aushalten«, auch wenn die medizinischen Behandlungsmöglichkeiten begrenzt sind. Die Gestaltung und das Ertragen des letzten Lebensabschnitts sind also zu einem nicht unerheblichen Teil auch eine Frage der Psychologie.

Ein neuer Gesundheitsbegriff für das Alter. Es geht aber auch um ein neues Verständnis von Gesundheit und Krankheit, das zunehmend in der öffentlichen Diskussion und bei alten Menschen ankommen muss: Wenn es so ist, dass es ältere Menschen ohne Krankheitsdiagnosen vor allem jenseits von 75–80 Jahren nicht gibt, so ist die gute alte Definition der Weltgesundheitsorganisation (WHO) aus dem Jahr 1948 (»Gesundheit ist ein Zustand des vollständigen körperlichen, geistigen und sozialen Wohlergehens und nicht nur das Fehlen von Krankheit oder Gebrechen.«) für das Alter nicht hilfreich.

Es geht in einem notwendig neuen Konzept von Gesundheit im Alter künftig um einen ganzheitlichen Ansatz, der auch vorliegende und wahrscheinlich auch in Zukunft unabwendbare chronische Erkrankungen und Funktionseinbußen miteinbezieht:

- sich auch bei Gesundheit und Krankheit als Agent der eigenen Entwicklung sehen,
- sich möglichst viel an gesundheitsbewusstem Verhalten bewahren, sozial gut eingebunden bleiben,

- den Umgang mit gesundheitlichen Anforderungen insgesamt als eine herausfordernde Entwicklungsaufgabe betrachten, nicht als Umgang mit einem schlimmen »Altersübel«.

Das ist natürlich leicht gesagt und wird sicher auch nicht allen Älteren gleichermaßen gelingen. So weiß vor allem die NAPs, dass unsere Persönlichkeit (auch) an dieser Stelle hoch bedeutsam ist. Neigen wir eher zu Stressanfälligkeit und zu negativen Sichtweisen, dann wird uns alles, was ich oben beschrieben habe, sehr schwer fallen, und es besteht die Gefahr, dass die Widrigkeiten des späten Lebens unsere psychischen Abwehrkräfte überfordern. Die Folgen: Rückzug, Depressivität, Hadern mit dem Schicksal, ein allgemeiner Alterspessimismus. Diese Verlaufsformen werden bedeutsame Untergruppen der Älteren betreffen, die viel psychosoziale Unterstützung, auch von professioneller Seite, benötigen (siehe dazu Kapitel 5). Die meisten Älteren aber, zumal die Gruppe der höher Gebildeten, die stetig wächst, werden sich langsam aber sicher auf den oben skizzierten neuen Gesundheitsbegriff zubewegen.

Das aber wird nur gelingen, wenn mindestens zweierlei eintritt: Erstens muss der neue Gesundheitsbegriff in den zentralen Instanzen unseres Gesundheitssystems langsam, aber sicher Fuß fassen und aktiv kommuniziert und gefördert werden. Hier sind offiziell anerkannte Systeme und Dokumente, nicht zuletzt auch der WHO, sehr bedeutsam. Eine große Rolle spielt hier die sogenannte »Internationale Klassifikation der Funktionsfähigkeit, Behinderung und Gesundheit« (ICF) der Weltgesundheitsorganisation (WHO 2001). Darin wird umfassend argumentiert, dass die Bewahrung von Alltagskompetenz und sozialer Partizipation nicht nur durch Faktoren des Alterns oder von grundlegenden biologischen Veränderungen bestimmt ist, sondern auch von unterstützenden Umweltprozessen – sozial und räumlich-technisch. Hier schließt sich dann auch ein Kreis mit den weiter oben aufgeführten Argumenten zur Rolle von Umweltfaktoren, etwa in Gestalt neuer, vielversprechender Wohnformen oder unterstützender Robotersysteme.

Zweitens muss das Wissen der NAPs zur Psychologie der Gesundheit auch in der Öffentlichkeit ankommen – bei Älteren und bei jenen, die sich auf ihr Altern zubewegen. Und bei den unterschiedlichsten Akteuren unseres Gesundheitssystems.

Gesundheit und Krankheit im Alter im Lichte der Prinzipien der NAPs. Abschließend sollen die wichtigsten Erkenntnisse und Konsequenzen zum Thema Gesundheit und Krankheit zusammengefasst werden (Tabelle 4). Organisiert ist das Ganze anhand der Prinzipien der NAPs. Ergänzend sind ein paar praktische Ratschläge aufgeführt.

Tabelle 4: Prinzipien der NAPs – angewendet auf Gesundheit und Krankheit

Prinzip	Anwendung auf Gesundheit/Krankheit im Alter	Umsetzung im Alltag/Versuch allgemeiner Lebens- und Alternsregeln
1. Lebensspannenorientierung	Gesundheit und Krankheit im Alter sind zu einem bedeutsamen Teil Ausdruck des früheren Lebens.	Sich jederzeit im Leben bewusst sein, dass der Umgang mit Gesundheit viel mit der Lebensqualität in späteren Lebensphasen zu tun hat. Was ich heute mache oder nicht mache, sehe ich morgen bei mir selbst in gesundheitlichen Verläufen.
2. Differenzierter Entwicklungsbegriff	Die Bewahrung von Gesundheit ist in jedem Lebensalter eine Entwicklungsaufgabe, ganz besonders aber im höheren Alter; hier müssen Gewinne und Verluste dauerhaft miteinander versöhnt werden.	Gesundheit nicht als etwas für immer Gegebenes betrachten, sondern als ein stets gefährdetes Gut, das für unsere Entwicklung insgesamt von großer Bedeutung ist. Sensibel für eintretende Veränderungen sein.
3. Entwicklung bis ins hohe Alter nicht gleichförmig	Der Verlust von Gesundheit macht nicht selten neue Entwicklungspfade als Antwort auf eingetretene Verluste unumgänglich; dies bedeutet aber nicht, dass andere Entwicklungsbereiche infrage stehen.	Eingetretene Krankheiten und funktionale Einschränkungen machen nicht das gesamte Leben aus; vieles bleibt möglich und kann weiterhin ausgekostet werden.
4. Normales, krankhaftes und erfolgreiches Altern	Normales und krankhaftes Altern sind schwer voneinander zu trennen; erfolgreiches Altern bedeutet in Zeiten sehr langen Lebens die bestmögliche Gestaltung von beidem.	Gutes Altern ist mit dem Eintritt von Krankheiten und Funktionseinbußen nicht vorbei, sondern kann mit veränderten Vorzeichen weitergehen.

Prinzip	Anwendung auf Gesundheit/Krankheit im Alter	Umsetzung im Alltag/Versuch allgemeiner Lebens- und Alternsregeln
5. Altern von uns selbst gestaltbar	Einflussnahme auf die eigene Entwicklung ist auch bei Eintritt von Krankheiten möglich, ja geradezu gefordert; es geht nicht zuletzt um Bewertungen von gesundheitlichen Zuständen, und diese können sehr unterschiedlich ausfallen.	Wir sind bis zu einem gewissen Grad unseres Alterns Schmied; unser Verhalten bestimmt unsere Gesundheit bis zum Lebensende in deutlicher Weise mit. Nutzen wir diesen Möglichkeitsraum!
6. Drittes, Viertes und Fünftes Alter	Auch Gesundheit im späten Leben verläuft in Phasen. Nach einer heute weitgehend beschwerdefreien Phase des Dritten Alters erleben wir im Vierten meist eine Kumulation von Krankheiten und Funktionseinbußen, die im Fünften Alter immer stärker in einen Sterbeprozess übergeht.	Altern stellt uns heute beides vor Augen: ungeahnte neue Chancen und Möglichkeiten, aber auch die Verletzlichkeit des sehr lange ausgedehnten Lebens.
7. Altern kontextuell eingebunden	Gerade die Erfahrung von Krankheiten und Funktionseinschränkungen zeigt die Bedeutung kontextueller Eingebundenheit im Alter; Umwelten können dabei vieles erleichtern, aber auch erschweren.	Kontextuell denken: Krankheiten und Funktionsverluste verändern sich durch Umweltbezüge und Umwelteinflussnahme (z. B. Wohnanpassung, Gestaltung von Pflegebeziehungen, Technikanwendungen)
8. Altern auch historisch eingebunden	Gesundheit verbessert sich über Kohorten hinweg deutlich; wir sind historisch die gesündesten Menschen, die jemals gelebt haben. Das sehen wir vor allem im höheren Lebensalter.	Sich stets vor Augen führen, dass man ein historisches Privileg genießen kann; keine Generation vorher hatte im Mittel eine solche körperlich-geistige Reserve. Nutzen Sie sie!

Prinzip	Anwendung auf Gesundheit/Krankheit im Alter	Umsetzung im Alltag/Versuch allgemeiner Lebens- und Alternsregeln
9. Plastizität bis ins höchste Lebensalter	Gesundheit, aber auch Krankheit sind nichts Festgefügtes, sondern veränderbare Größen.	Körperliche und geistige Leistungen und Leistungsreserven sind trainierbar. Verhaltensinterventionen werden die Zukunft des Alterns in sehr deutlicher Weise mitbestimmen.

Die in Tabelle 4 enthaltene Aufstellung zeigt recht deutlich, dass die Gesundheits- und Krankheitsthematik vor allem eines hoch differenzierten Blicks bedarf – wissenschaftlich wie in der Selbstanwendung. Eine der Kernbotschaften lautet, dass Gesundheit und Krankheit spät im Leben nicht einfach so eintreten, sondern sich aufgrund eines vielfältigen Bündels von Faktoren so darstellen, wie sie sich dann jeweils darstellen.

Der Aspekt der Prävention ist dabei ganz zentral. Hier zeigen Längsschnittstudien, dass etwa früher im Leben gegebene gesundheitliche Risiken (z.B. Rauchen, falsche Ernährung, Bewegungsmangel, Übergewicht) sehr viel damit zu tun haben, wie lange und in welchem Schweregrad spätere Hilfe- und Pflegebedürftigkeit eintreten. Sind solche Risiken sehr ausgeprägt, dann ist die Wahrscheinlichkeit von längeren Phasen und schweren Formen von Pflegebedürftigkeit spät im Leben, vor allem im Vierten Alter, sehr viel höher. Insofern ist etwas dran an der Aussage, dass wir bereits mit 20 oder 30 Jahren unsere spätere Gesundheit »schmieden« – in die eine oder andere Richtung. Es ist aber nie zu spät, etwas an unseren Lebensgewohnheiten zu ändern, denn Studien zeigen z.B., dass es sich selbst mit

80 Jahren noch lohnt, mit dem Rauchen aufzuhören. Nach ein bis zwei Jahren lässt sich hier immer noch eine Verbesserung des Herz-Kreislaufsystems feststellen. Besonders zentral ist auch das mittlere Lebensalter als direktes Scharnier zum höheren Lebensalter. Viele Erkrankungen des späten Lebens sind hier angelegt und mit verursacht – und werden dann in die spätere Lebensphase mitgenommen. Insofern ist Gesundheitsförderung gerade in der späten Berufsphase offensichtlich doppelt wichtig: Sie erhält die aktuelle Leistungsfähigkeit als »älterer Arbeitnehmer« und hilft, möglichst gesund in die nachberufliche Phase hinüberzugehen.

Ebenso wichtig sind psychische Bewertungsprozesse gegenüber unseren körperlich-geistigen Veränderungen. Viele Studien kommen recht übereinstimmend zu dem Befund, dass die subjektive Gesundheit unser Wohlbefinden und unsere Lebenszufriedenheit am stärksten bestimmt. Sie erklärt, wie man es in der NAPs technisch ausdrückt, den größten Anteil der Variation in diesen für uns alle sehr bedeutsamen Endpunkten. Andere Variablen wie Alter, Geschlecht, sozio-ökonomische Situation, auch objektive Erkrankungen, fallen demgegenüber weniger ins Gewicht.

Beispiel: 4 x subjektive Gesundheit – Wie verschieden wir unsere Gesundheit bewerten können und welche Folgen das hat

(1) Subjektive Gesundheitsbewertungen können in sehr unterschiedlicher Weise vorgenommen werden. Die am häufigsten genutzte Vorgehensweise hebt ganz auf den gegenwärtigen Zustand ab:

Wie würden Sie Ihren gegenwärtigen Gesundheitszustand im Allgemeinen beschreiben? Ausgezeichnet – sehr gut – gut – weniger gut – schlecht.

(2) Gefragt wird auch danach, wie man seinen Zustand im Vergleich zu »Altersgenossen« einschätzt:

Wie würden Sie Ihren Gesundheitszustand im Vergleich zu den meisten Menschen Ihrer Altersgruppe einschätzen? Besser – genauso gut – schlechter.

(3) Man kann auch einen Vergleich mit dem zurückliegenden eigenen Leben vornehmen lassen:

Wie stellt sich Ihre Gesundheit heute im Vergleich zu vor zehn Jahren dar? Besser – genauso gut – schlechter.

(4) Schließlich können wir Menschen auch antizipieren und vorausschauen. Auch dies kann man bei Gesundheitseinschätzungen nutzen:

Wenn Sie einmal nach vorne schauen, was glauben Sie, wie wird sich Ihre Gesundheit in zehn Jahren darstellen? Besser – genauso gut – schlechter.

Führen all diese Einschätzungen zum selben Ergebnis? Sind sie alle gleichermaßen bedeutsam? Ja und nein. Die allgemeine Einschätzung der gegenwärtigen Gesundheit (1) hat sich durchgängig als eine sehr wichtige Variable erwiesen. Sie ist nicht nur bedeutsam für das Wohlbefinden, sondern auch für die Prognose von künftigen Erkrankungen (z.B. Schlaganfall), für gesundheitliche Verhaltensweisen und sogar fürs Überleben. In diese an sich sehr simple Bewertung fließt in gewisser Weise alles ein, was uns in Bezug auf Gesundheit wichtig ist (auch die Bewertungen 2–4). Die dann getroffenen Abstufungen sind hoch bedeutsam. Entscheidet sich eine Person beispielsweise für die Bewertungsalternative »Weniger gut«, dann ist das eine für diese Person sehr bedeutsame Aussage: Von fünf Abstufungen entscheide ich mich für die viertschlechteste; da muss einiges an Beschwerden und an erlebten gesundheitlichen Einschränkungen vorliegen. Hier ragt der Verlust von Gesundheit wahrscheinlich stark in das tägliche Erleben und bestimmt auch das Verhalten im Alltag deutlich mit. Überdies ist damit eine Qualitätsbewertung des eigenen Lebens insgesamt als nicht mehr so gut enthalten.

Die gute Seite des Ganzen ist nun allerdings, dass subjektive Bewertungen der eigenen Gesundheit mit dem Älterwerden zwar immer weniger positiv ausfallen, aber längst nicht so stark, wie die gleichzeitige Zunahme von Krankheiten und objektiven Funktionseinbußen es nahelegen würde. Wir haben dies jüngst in einer Studie auch bei sehr alten Menschen längsschnittlich über fünf Jahre hinweg beobachten können (Wettstein, Schilling & Wahl 2017) und als ein regelrechtes Gesundheitsparadox bezeichnet. Gerade Hochaltrige weisen über die Zeit hinweg immer mehr gesundheitliche Verluste auf, fühlen sich aber nur in geringem Maße »weniger gesund«.

Vergleiche mit der früheren Gesundheit (2) fallen demgegenüber drastischer aus. Im Vergleich etwa zu ihrer gesundheitlichen Situation von fünf Jahren zuvor sehen Ältere durchaus einen deutlichen Unterschied. Leistungsreserven sind verloren gegangen, gesundheitliche Beschwerden haben zugenommen. Aber über längere Zeit betrachtet, fallen solche Zeitvergleiche eher weniger negativ aus, weil man sich bei solchen Rückwärtsvergleichen schnell einpendelt und es dann gar nicht schlimmer kommen kann (Sargent-Cox, Anstey & Luszcz 2010).

Die Vergleiche mit Altersgenossen (3) sind oft positiv getönt: Ich bin noch leistungsfähiger als die »anderen Älteren«. Insgesamt ist hier der Trend über das Alter hinweg eher stabil (»genauso gut«), jedoch scheinen vor allem hochaltrige Männer eher dazu zu neigen, sich negativer als andere ältere Menschen einzuschätzen. Älteren Frauen scheint es demgegenüber besser zu gelingen, sich in ihren Vergleichen auf Ältere zu beziehen, denen es aus ihrer Sicht noch deutlich schlechter geht. Alte Männer hingegen lassen scheinbar nicht ab von einem gewissen Rivalitätsdenken und suchen sich eher herausfordernde andere Ältere, was dann negative Bewertungen unterstützen kann. Das Geschlecht spielt also immer wieder eine Rolle beim Älterwerden!

In die Zukunft gerichtete Gesundheitseinschätzungen (4) schließlich besitzen ebenfalls ihre eigene »Power«. Ken Ferraro und Kollegen (2015) haben in einer höchst interessanten Längsschnittstudie zeigen können: Wie wir heute unsere zukünftige Gesundheit einschätzen, das macht etwas mit unseren Ressourcen und Verhaltensweisen weiter im Leben, kann uns schwächen oder stärken, lässt uns länger leben oder auch nicht.

Erinnert sei in diesem Zusammenhang nochmals an die Rolle von Einstellungen zum eigenen Älterwerden und diesbezüglichen Zusammenhängen mit gesundheitlichen Ausgängen und sogar der Überlebenszeit. Die Bewertungen unserer Gesundheit und unseres Älterwerdens zählen viel in unserem Leben. Wir können auch lernen, diese zu verändern bzw. positive Sichtweisen so stabil wie möglich zu halten. Hoch bedeutsam ist hier der Umgang mit Zielen: Sind alternde Menschen in der Lage, flexibel zu reagieren und durch gesundheitliche Veränderungen nicht mehr erreichbare Ziele aufzugeben, dann tut das ihrer allgemeinen psychischen Anpassung gut. Und es hilft, positive Sichtweisen gegenüber der Gesundheit und dem Leben generell aufrechtzuerhalten. Zielflexibilität, was ja nicht Zielaufgabe bedeutet, ist gewissermaßen das A und O erfolgreichen Älterwerdens. Margret Baltes und Laura Carstensen haben bereits 1996 den schönen Satz geprägt: Gutes Altern heißt, Ziele zu haben. Zu wissen, für was man lebt, ist in jedem Alter wichtig, im hohen Alter bei gefühlt begrenzter Lebenszeit aber vielleicht noch wichtiger. Doch Ziele, die man sich setzt, müssen erreichbar bleiben – oder eben angepasst werden. Gutes Altern heißt, erreichbare Ziele zu haben. Dies gilt vor allem in der Situation gesundheitlicher Einschränkungen spät im Leben.

Gesundheit und Krankheit älterer Menschen in alltäglichen Versorgungsformaten – vieles wird sich verändern. Wir werden in Bezug auf Ältere in absehbarer Zeit ein deutlich verändertes Gesundheits- und Versorgungssystem erleben. Die »Komplexbedarfe«, wie es in der Literatur manchmal heißt, die sich bei gesundheitlichen Veränderungen bei alten und sehr alten Menschen ergeben, werden es erforderlich machen, dass wissenschaftliche Sichtweisen und zugehörige Professionen sich noch viel enger und weitreichender verzahnen, als es sich heute bereits abzeichnet: Medizin, Geriatrie, Psychologie, Bewegungswissenschaft, Pflege und Ergotherapie müssen Hand in Hand arbeiten. Wünschenswert wären Versorgungszentren und -netze, bei denen kranke Ältere Tür an Tür bzw. gleich gemeinsam von diesen Professionen betreut, therapiert, beraten, trainiert, gepflegt und seelisch begleitet werden. Dazu bedarf es wie gesehen eines neuen Gesundheitsbegriffs, der weit über traditionelle Vorstellungen von Gesundheit und Krankheit hinausgeht. Es muss Schluss sein mit illusionären Wunschvorstellungen in bestimmten Bereichen der Medizin und in Versorgungsinstitutionen. In Allgemeinkrankenhäusern etwa herrschen auf allen Ebenen noch immer negative Altersstereotypen und Altersdiskriminierungen vor, sie sind noch überhaupt nicht auf die inzwischen große Zahl an älteren Patienten, viele auch an Demenz erkrankt oder sensorisch beeinträchtigt, eingestellt. Für ein Land mit einem so hochwertigen gesundheitlichen Versorgungssystem ist das ein Armutszeugnis. Mut aber macht vor allem eines: Die Älteren der Zukunft, mit all ihren Ressourcen, werden sich ihre Versorgungsqualität selbst nehmen und erstreiten, sie werden negative Alterssichtweisen nicht mehr zulassen und sich massiv dagegen zur Wehr setzen.

Resümee

Wohlbefinden und Emotionalität sind eine ziemliche Erfolgsstory des heutigen Älterwerdens, denn hier ist von einem Nachlassen nicht viel zu spüren. Ältere verstehen es überdies gut, negativen Emotionen aus dem Weg zu gehen. Bemerkenswerterweise ist die Depressionsrate im höheren Alter nicht höher als in anderen Lebensaltern. Altern heute ist über weite Strecken ein zufriedenes, wenn nicht sogar glückliches Altern. Aber das ist nicht einfach so, sondern ein aktiver Erhaltungsprozess: Ältere Menschen sind gerade hier Gestalter ihrer eigenen Entwicklung.

Das ist im Bereich der geistigen Leistungen wahrscheinlich nicht so stark der Fall, doch hier ist die Vielgerichtetheit der Entwicklung sehr bedeutsam. Nicht alles an unserer Kognition lässt nach, wenn wir älter werden. Die Unterschiede sind enorm. Vieles an »Ausfällen« kann lange Zeit sehr effizient kompensiert werden, was vor allem Forschungsarbeiten jenseits der kognitiven Laborforschung zeigen, welche die natürlichen Ökologien des Älterwerdens im Blick haben: Ältere fallen nicht ständig, machen nicht einen Fehler nach dem anderen, fahren relativ sicher Auto, erledigen ihre Standardanforderungen ziemlich gut und ziemlich lange, regen sich auch kognitiv dauerhaft immer wieder an. Dass sie dabei auch technologische Unterstützung bekommen, wird in absehbarer Zeit ganz selbstverständlich sein.

Soziale Beziehungen wiederum ähneln in ihrer Entwicklungsstabilität und Positivität sehr dem Bereich Wohlbefinden, ja, überflügeln diesen sogar noch. Ältere gestalten ihre sozialen Netzwerke höchst erfolgreich und gemäß ihren Bedürfnissen. Manchmal machen soziale Andere etwas mit ihnen, was ihnen nicht guttut (z. B. überfürsorgliches Verhalten), aber das sollten wir nicht als bestimmend für das soziale Bild im Alter ansehen.

Wohnen und Mobilität sind Kernbereiche psychisch guten Alterns, auch wenn sie eigentlich gar nicht so sehr im Mittelpunkt der NAPs stehen. Dabei kommt gerade hier der große Lebensgegensatz (oder ist es gar kein Gegensatz, sondern notwendige Komplementarität?) zwischen Ruhe und Aktivität ins Spiel. Das Wohnen genießen als Rückzugsraum und Zeit der inneren Einkehr spät im Leben in einer emotional in der Regel sehr positiv aufgeladenen Örtlichkeit – das gelingt vielen Älteren sehr gut. Das Draußen ist dennoch wichtig, denn es zeigt die Bewegung, auch im eigenen Leben. Es geht weiter voran im Leben – im wahrsten Sinn des Wortes. Da ist kein Stillstand.

Technologien, der fünfte Teil unseres »Sixpacks«, drücken auch dem Leben alter Menschen zunehmend ihren Stempel auf, machen die Älteren damit aber auch zum Bestandteil eines Megatrends in unserer Gesellschaft, eben dem weiteren Voranschreiten der Informationsgesellschaft.

Das ist grundsätzlich zu begrüßen. Die Älteren werden allerdings, so wie es aussieht, bis auf Weiteres nicht wie die Jungen bei sozialen Unternehmungen stets das Smartphone griffbereit haben. Können die Älteren uns eventuell sogar zeigen, dass eine gewisse Distanz gegenüber den neuen Technologien durchaus segensreich sein kann?

Schließlich Gesundheit und Krankheit. Deren Wechselspiel mit einem starken Anstieg der Krankheiten und Funktionsverluste ist für manche das Alter schlechthin. Das aber ist zu einfach gedacht, denn die Abgrenzung zwischen Alter und Krankheit ist in Wirklichkeit viel komplexer und vielschichtiger. Ja, wir werden alle kränker, je älter wir werden. Aber auch psychische Bewertungen spielen eine herausragende Rolle für unser gesundheitliches Leben im Alter. Dass die Älteren zu Agenten der eigenen Entwicklung werden – Prinzip 5 der NAPs, ist bereits zu wesentlichen Teilen der Fall. Ältere gestalten längst durch ihre Bewertungen und ihre Einstellungen dem Älterwerden gegenüber ihr gesundheitliches Altern. Und zunehmend auch durch ihr Verhalten und die Inanspruchnahme von hilfreichen Trainings. In diesem Bereich werden wir in nicht allzu ferner Zukunft ein völlig neues Alter erleben, das sich selbst gestaltet – und auch unser Gesundheitssystem herausfordert.

4 Altern vom Lebensende her gedacht: Neue Erkenntnisse der Distanz-zum-Tod-Forschung

Trotz aller Fortschritte ist und bleibt das Altern auch nach den neuesten Befunden der NAPs ein Prozess mit drei Gesichtern:

1. Da sind zum einen die vielen Potenziale und Möglichkeitsräume des Dritten Alters; Margret Baltes hat dies bereits in den 1990er Jahren als »Erfolgsstory« des heutigen Alterns bezeichnet.
2. Da sind zum anderen die Restriktionen und Einschränkungen des Vierten Alters, mit denen aber viele Ältere ganz gut klarkommen – erfolgreiches Altern kann weitergehen, auch angesichts schwerer Erkrankung und vieler Funktionsverluste.
3. Und dann ist da schließlich die Phase des Zugehens auf das Lebensende – das Fünfte Alter (vgl. auch Prinzip 6 der NAPs). Unsere Entwicklung, unsere geistigen Leistungen, unsere Gesundheit, aber auch unser kognitives und emotionales Wohlbefinden werden immer stärker vom näher rückenden Tod bestimmt. Darum soll es in diesem Kapitel gehen.

Die zentrale Überlegung dabei ist: Sehr spät im Leben übernimmt in gewisser Weise das Lebensende unsere

Entwicklungsdynamik, nicht mehr die Zeit seit der Geburt, also das chronologische Alter. Sehr plakativ könnte man auch sagen: Am Ende wird uns alles genommen, auch wenn die späte Entwicklung bis zu diesem Punkt heute mit Möglichkeitsräumen und einem Gestaltungsimpetus abläuft, die historisch völlig neu sind. »I got plenty of nothing« (Ich habe viel von nichts), könnte man, ohne jede Traurigkeit, mit einem Song von Cole Porter sagen. Wir können, so banal es klingt, nicht ewig leben. Nach vielen häufig sehr guten Jahren spät im Leben wartet das Ende unserer Entwicklung unaufhaltsam auf uns; der Tod dringt immer stärker in unser Leben ein, nicht nur mit körperlichen Verlustindikatoren, sondern auch mit psychischen und sozialemotionalen Veränderungen. Das verstehen wir heute besser denn je – auch dank neuester Befunde der NAPs. Ist damit nun aber das erfolgreiche Altern endgültig vorbei? Nein, denn erfolgreiches Altern schließt eine erfolgreiche Gestaltung des Sterbeprozesses mit ein.

Doch blicken wir zunächst einmal zurück in frühe Forschungen der Alternspsychologie, denn die revolutionäre Idee einer Entwicklung, die vom Ende des Lebens und nicht vom Anfang getrieben ist, von dem, was kommen wird und nicht von dem, was gewesen ist, ist eigentlich gar nicht so neu.

Ein Geniestreich: Die Entdeckung des »Terminal Decline«

1962, vor mehr als einem halben Jahrhundert also, erschien eine Arbeit des amerikanischen Alternsforschers Robert Kleemeier mit dem an sich recht konventionell klingenden Titel »Intellectual changes in the senium«. Senium war die Sprache von damals für Altern, aber es ging Kleemeier um eine grundsätzliche Frage: Kann man Veränderungen in der kognitiven Leistungsfähigkeit im Zuge des Älterwerdens gut anhand von zu einem Messzeitpunkt untersuchten, unterschiedlichen Altersgruppen von jung bis alt erfassen? Derartige Daten waren damals bereits in großem Maßstab vorhanden, aber sie hatten ein Problem: Die dort gefundenen Verluste in der kognitiven Leistungsfähigkeit im Alter konnten auch einfach daher rühren, dass die jüngeren Menschen in der Studie eine wesentlich bessere schulische Bildung erfahren hatten als die älteren und sehr alten Menschen früh in ihrem Leben. Gemäß dem Prinzip 8 der NAPs sind auch geistige Leistungen stets in historische Bedingungen wie unterschiedliche schulische Bildung eingebunden, die sich in jüngeren Geburtsjahrgängen (Kohorten) deutlich verbessert hat; Bildung wiederum ist eine wichtige Ressource für den Verlauf der kognitiven Leistung spät im Leben. War alles also nur ein Kohorteneffekt und gab es eigentlich gar keinen kognitiven Abfall spät im Leben? Das konnte schon aufgrund der alltäglichen Beobachtungen eigentlich nicht sein, aber eines war klar: Sogenannte intraindividuelle Veränderungen, also Veränderungen der geistigen Leistung innerhalb derselben Individuen über längere Zeiträume, konnten auf jeden Fall nur einmal durchgeführte Messungen naturgemäß nicht zeigen. Es gab aber auch damals schon erste Längsschnittmessungen der kognitiven Leistungsfähigkeit, wenn auch teilweise an spezifischen Gruppen wie Heimbewohnern. Bei all diesen Studien war dennoch eines auffällig: Sie zeigten insgesamt einen wesentlich flacheren Rückgang der kognitiven Leistungsfähigkeit als die in Einmalmessungen gefundenen Verläufe. Und Längsschnittdaten erlaubten eben auch die Untersuchung von Verlaufsmustern einzelner Studienteilnehmer über längere Zeiträume hinweg. Dabei ergaben sich höchst unterschiedliche Verläufe zwischen den beobachteten Personen.

Kleemeier hatte nun die ziemlich geniale Idee, diese individuellen Verlaufsmuster mit dem Todeszeitpunkt der untersuchten Menschen in Verbindung zu bringen. Dabei zeigte sich relativ deutlich ein durchgängiges Muster: Deutliche Abfälle der kognitiven Leistungsfähigkeit traten vor allem dann auf, wenn man diese gewissermaßen vom Todeszeitpunkt an rückwärts in eine Grafik eintrug. Diese »Abfalldynamik« war viel deutlicher, wenn man die Verläufe der kognitiven Leistungsfähigkeit nach dem chronologischen Alter abtrug. Kleemeier gab diesem Phänomen den Namen »Terminal Decline« und meinte damit, dass unsere kognitive Entwicklung ab einem bestimmten Zeitpunkt spät im Leben wahrscheinlich weniger vom Abstand seit der Geburt, sondern vom Abstand zum Tod (»impending death«) angetrieben wird.

Über die Jahrzehnte wurde die Idee von Kleemeier natürlich weiterverfolgt, aber die statistischen Verfahren zur wirklichen Ausschöpfung der sogenannten interindividuellen Variabilität in intra-individuellen Verläufen fanden erst seit den 1980er-Jahren breitere Anwendung (vgl. auch noch einmal Kapitel 1). Damit wurde es auch möglich, eine bereits von Kleemeier aufgeworfene Frage genauer zu untersuchen, nämlich ob der Rückgang kognitiver Leistung in der Nähe des Todes eher linear oder eher beschleunigt verläuft (Kleemeier sprach hier von »Terminal Drop«). Linear würde bedeuten, dass die kognitive Leistung in definierten Zeiteinheiten vor dem Tod (z.B. Lebensjahre) jeweils ähnlich stark abnehmen würde; beschleunigt würde bedeuten, dass der Rückgang ab einem bestimmten Zeitpunkt von Jahr zu Jahr vor dem Tod noch weiter zunehmen würde. Zudem mussten Studien mit längeren Beobachtungszeiträumen sowie mit relativ dichten Messungen (z.B. zehn Jahre vor dem Tod jedes Jahr untersucht) von alternden Personen bis zu ihrem Tod erst aufgebaut werden.

Dann geschah lange Zeit nicht viel; die Thematik rückte aus dem Fokus der alternspsychologischen Forschung. Doch zu Beginn des 21. Jahrhunderts kehrte sie in neuem Gewand in die NAPs zurück: Längsschnittdaten waren nun in größerem Maßstab und zu den unterschiedlichsten Bereichen (z.B. geistige Leistung, Wohlbefinden) vorhanden, die Auswertungsverfahren hatten sich verbessert, und man kam auf die Idee, auch andere sehr wichtige Elemente von Lebensqualität im Alter jenseits der kognitiven Leistungsfähigkeit einzubeziehen. Und es wurde nun, anders als zu Beginn der Cognitive-Decline-Forschung in den 1960er- und 1970er-Jahren, allgemeiner gefragt: Altern wir heute lange Zeit sehr langsam, aber dann gegen Ende des Lebens hin sehr schnell? Werden wir in der Nähe des immer weiter hinausgezögerten Lebensendes womöglich immer fragiler und verletzlicher? Neuere Forschungen unterstützen in jedem Fall die Annahme, dass dies hinsichtlich der körperlichen Funktionstüchtigkeit der Fall ist. Das überrascht natürlich nicht. Und auch zum Verlauf der kognitiven

Leistungsfähigkeit existieren heute viele Belege, dass hier eine Distanz-zum-Tod-Sichtweise eine wichtige Erklärung für deutliche Verluste spät im Leben darstellt (Bäckman & MacDonald 2006). Aber was ist mit der psychischen Anpassung im Bereich von Wohlbefinden und verwandten Konzepten?

Die neue Distanz-zum-Tod-Forschung: Was wir wissen und was noch nicht

Weiter oben, im ersten Abschnitt unseres »Forschungs-Sixpacks«, hatte das Wohlbefindens-Paradox eine wichtige Rolle gespielt. Betrachtet man den Verlauf von Wohlbefinden nach dem kalendarischen Alter, dann findet man eine relativ hohe Stabilität. Aber das Ganze lässt sich nach dem eben Gesagten auch völlig anders betrachten: Wie verläuft Wohlbefinden, wenn es auf das Lebensende zugeht? Genau das, was Kleemeier früh mit seinen kognitiven Daten gemacht hat, nämlich eine Betrachtung vom eingetretenen Tod rückwärts vorzunehmen, hatte die Wohlbefindens-Paradox-Forschung lange Zeit nicht getan. Das ist eigentlich erstaunlich und vielleicht liegen dem sogar psychische Schutzfaktoren zugrunde: Man wollte sich das schöne Bild von der hohen Stabilität des Wohlbefindens nicht durch »unangenehme« Befunde kaputt machen.

Es ist dann doch passiert. Eine der bahnbrechenden Studien wurde von Denis Gerstorf und seiner Forschungsgruppe an der Humboldt Universität Berlin im Jahr 2008 veröffentlicht. Die Arbeit ging davon aus, dass wir schlicht nicht wissen, wie sich der Verlauf des Wohlbefindens darstellt, wenn dieser nach dem Todeszeitpunkt von Individuen und nicht nur nach chronologischem Alter analysiert wird. Könnte es nicht sein, so wurde gefragt, dass die unaufhaltsame Anhäufung von Verlusterfahrungen spät im Leben, vor allem die immer größer werdende biologische Verletzlichkeit insgesamt, den bis dahin relativ stabilen Verlauf des Wohlbefindens in einer präterminalen Phase immer stärker ins Wanken bringt? Und dass dies alles eine terminale Phase einläutet, in der der bevorstehende Tod das Ruder gewissermaßen komplett übernimmt und das Wohlbefinden in den Abgrund zieht? Falls dem so ist, so stellt sich auch die Frage nach einem Übergangszeitpunkt. Liegt ein solcher Übergangszeitraum von der präterminalen in die terminale Phase, eine Art »point of no return«, ein paar Monate oder ein paar Jahre vor dem Tod?

Das sind gewichtige und ziemlich bedrohliche Fragen. Klar war dabei von Anfang an, dass derartige Prozesse nicht bei jeder alternden Person gleich oder auch nur sehr ähnlich ablaufen würden; Naturgeschehen ist stets hoch variabel und vielfältig – sicher auch, wenn es um terminale Verläufe geht. Aber würde sich aus dem »Rauschen« dieser Unterschiedlichkeit in den Verläufen doch vielleicht ein Muster wie eben beschrieben mit phasenbezogenen Unterschieden (prä-terminal versus terminal) herausschälen?

Die Studie selbst nutzte einen für den deutschen Raum sehr wichtigen und methodisch sehr hochwertigen Datensatz, der repräsentativ für die deutsche Bevölkerung ist: das Sozio-ökonomische Panel, das bereits seit dem Jahr 1984 Daten sammelt, Individuen längsschnittlich verfolgt und auch ihren Tod dokumentiert. Einbezogen wurden mehr als 1600 über 70-jährige Personen und von diesen standen Daten über 22 Jahre hinweg mit jährlichen Messungen der Lebenszufriedenheit zur Verfügung (siehe Abbildung 11).

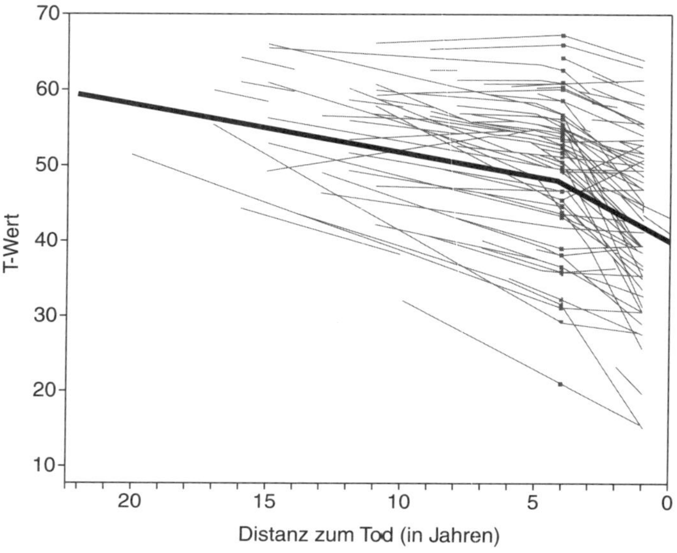

Abb. 11: Verlauf von Lebenszufriedenheit in Abhängigkeit vom Tod

Die Studie fand tatsächlich heraus, dass sich der Verlauf des Wohlbefindens bei einer solchen Betrachtung durch den zeitlichen Abstand vom Tod statistisch besser beschreiben ließ als durch den zeitlichen Abstand seit der Geburt (also das chronologische Alter). Wie Abbildung 10 zeigt (hier wurden aus Gründen einer besseren Darstellbarkeit nur 100 zufällig ausgewählte Personen aus der Gesamtstichprobe dargestellt; die dicke Linie stellt den Mittelwert der Einzelverläufe dar), folgte auf eine erste Phase mit bereits deutlichen Rückgängen eine zweite Phase von nun sehr klaren Verlusten an Lebenszufriedenheit. Dieses Muster trat nicht bei allen, aber doch bei vielen der beobachteten Individuen auf. Die Übergangszeit von einer wahrscheinlich präterminalen Phase zu einer terminalen Phase der Entwicklung der Lebenszufriedenheit lag etwa bei drei bis fünf Jahren vor dem Tod, unabhängig vom individuellen Sterbealter.

Der eben beschriebene Befund ist zwischenzeitlich mehrfach an unterschiedlichen Stichproben repliziert worden. Solche Wiederholungen sind wichtig, um eine Befundlage zu erhärten. Er bleibt auch konstant, wenn man Faktoren wie Geschlecht, Bildung, kognitive Leistungsfähigkeit und Krankheiten/Funktionseinbußen statistisch berücksichtigt. Das bedeutet, es bleibt statistisch gesehen auch nach Einbezug derartiger Variablen noch genug übrig, um einen eigenständigen Zusammenhang zwischen Abstand zum Tod und dem Verlauf der Lebenszufriedenheit zu belegen.

Solche Abfälle, die sich mit der zeitlichen Distanz zum Tod besser erklären lassen als mit dem chronologischen Alter, sind nun nicht nur in Bezug auf die kognitive Komponente von Wohlbefinden (eben Lebenszufriedenheit) gefunden worden. In einer Studie mit Daten der Amsterdamer Längsschnittstudie des Alterns haben Nina Vogel und andere (2013) beispielsweise zeigen können, dass das Phänomen auch bei negativem Affekt zu beobachten ist, also auch im Bereich des emotionalen Wohlbefindens. Zudem wurde, ähnlich wie bei der Studie zu Lebenszufriedenheit, ein beschleunigter Anstieg des negativen Affekts gefunden, der sogar schon etwa zehn Jahre vor dem Tod begann und dann beschleunigt fortschritt, also eher den Charakter eines »Terminal Drop« à la Kleemeier aufwies.

Ganz wichtig ist dabei: Diese Befunde bedeuten keineswegs, dass alternde Menschen, wenn es auf das Lebensende zugeht, todunglücklich oder depressiv werden. Es kann sogar sein, dass sie den stärkeren Rückgang ihres Wohlbefindens in Abhängigkeit von der zeitlichen Distanz zum Tod gar nicht als Verlust erleben. Denn es geht hier ja um schleichende Phänomene; das Wohlbefinden wird über längere Zeiträume hinweg allmählich immer etwas schlechter. Andererseits besitzen Menschen eine hohe Sensibilität für ihr kognitives und affektives Wohlbefinden und für dessen Veränderung über die Zeit hinweg. Man kann deshalb wohl davon ausgehen, dass viele Menschen ab einem gewissen Punkt in ihrem weit fortgeschrittenen Leben kognitiv und emotional tatsächlich spüren, dass sie nun in die Endphase ihres Lebens eingetreten sind.

In diesem Bereich sind noch viele Fragen offen. So zeigen weitere Arbeiten, dass die Steilheit der terminalen Abfälle von der allgemeinen Ressourcensituation einschließlich von Umweltunterstützungen abzuhängen scheint: Lebe ich in einer meinem Leben und auch meiner Versorgungsbedarfe förderlichen Umwelt, dann scheinen terminale Abfälle im Bereich des Wohlbefindens weniger steil zu verlaufen. Auch wissen wir noch nicht wirklich, inwiefern eine Ursache (der Tod), die eigentlich in der Zukunft liegt, vorhergehendes Wohlbefinden beeinflussen kann. Welche Mechanismen sind gewissermaßen schon weit vor dem biologischen Ereignis des Todes mit diesem Ereignis so eng verwoben, dass sie Auswirkungen auf unser Wohlbefinden haben? Vielleicht sind die hier von der NAPs mit aufwendigen Längsschnittdaten erfassten Veränderungen nichts anderes als ein Teil unseres Sterbeprozesses. Vielleicht ist der Sterbeprozess selbst eben nicht nur eine Sache des Zusammenbruchs unserer biologischen Systeme, sondern auch unserer psycho-emotionalen Funktionsfähigkeit.

Resümee

Es hat den Anschein, als sei zum Lebensende hin für die kognitive und emotionale Komponente des Wohlbefindens ein ähnlicher Terminal Decline charakteristisch, wie er für den kognitiven Leistungsbereich belegt wurde (Wahl & Schilling 2012). Es liegt nahe, in diesem Phänomen eine Konsequenz sich zunehmend anhäufender und beschleunigter körperlicher Abbauprozesse, die dann letztlich zum Tode führen, zu sehen. Demnach scheint das Wohlbefinden alternder Personen trotz Wohlbefindensparadox nicht grenzenlos stabil zu sein. Analysen der Entwicklung des Wohlbefindens allein anhand des chronologischen Alters taugen somit nur bedingt dazu, die negativen Auswirkungen am Lebensende ansteigender Verluste aufzudecken. Da eine solche beschleunigte Verlustdynamik in der Regel dem Tod vorangeht, dürfte der zeitliche Abstand zum Lebensende die im Vergleich zum kalendarischen Alter bessere Zeitmetrik sein, um typische Veränderungen am Ende der Lebensspanne zu erklären.

Insofern ist es sinnvoll, eine letzte Phase der psychologischen Terminalität für das heute so lange und immer länger werdende Leben anzunehmen. Man kann sie auch das Fünfte Alter nennen. (Wahl und Schilling 2012) Dabei gehen wir im Einklang mit Kleemeier davon aus, dass die Zeit bis zum Tode des Individuums möglicherweise die bessere »Markiervariable« typischer Veränderungsprozesse zum Ende der Lebensspanne ist als das chronologische Lebensalter. Es ist anzunehmen, dass die Annäherung an das jeweilige individuelle Lebensende vielfach beschleunigte Veränderungen psychologischer Merkmale mit sich bringt, und zwar als Folge derjenigen »basalen« körperlichen

Abbauprozesse, die letztendlich zum Tode führen. Nimmt man weiter an, dass dem Tod vorangehende körperliche Abbauprozesse meist unumkehrbar sind und somit sozusagen exklusiv jeweils nur in dieser terminalen Phase der individuellen Lebensspanne auftreten, so hätten wir hier ein zentrales Merkmal, das diese Phase von allen vorherigen Lebensphasen grundlegend unterscheidet.

Doch was bedeutet dies alles nun praktisch? »Something is seriously wrong at the end of life« (frei übersetzt: Da läuft etwas grundlegend schief am Ende des Lebens) hieß es im Titel einer sehr häufig zitierten Studie von Gerstorf et al. (2010) zum ungünstigen Verlauf des Wohlbefindens in einer Distanz-zum-Tod-Betrachtung. Ist es wirklich so dramatisch, wenn am Ende des Lebens der Tod das Zepter übernimmt und unser Wohlbefinden in der Folge immer stärkere Verluste erfährt? Oder ist dies einfach ein normaler Vorgang?

Wenn dem Tod ein Merkmal innewohnt, von dem wir einigermaßen sicher ausgehen können, dann ist es doch dieses: der totale Verlust unserer Existenz mit all ihren Facetten und Erlebensmerkmalen, mit all ihren Glücksmomenten und ihren Verzweiflungserfahrungen. Alles ist vorbei. Bereitet uns vielleicht die Phase der psychologischen Terminalität auf diesen »Totalverlust« vor? Vermittelt sie uns gar sehr wichtige »Weckrufe«, dass wir dem Ende näher rücken? Weckrufe, die wir aufgreifen, aber auch ignorieren können? Und die besagen, dass es nun die bevorstehende Grenze des Lebens ist, die uns »bewegt«, unsere Entwicklung gewissermaßen in die Hand nimmt?

Diese Vorstellung ist, wie ich finde, bedrohlich und zugleich nicht bedrohlich. Bedrohlich natürlich, weil uns die Anzeichen des Todes, auch die psychologischen, vor Augen führen, dass alles uns Liebgewordene bald hinter uns liegen wird. Nicht so bedrohlich, wenn nicht sogar ein Stück weit ermutigend, wenn wir uns auch hier Prinzip 5 der NAPs (Gestalter unseres eigenen Alterns) noch einmal vor Augen halten. Könnte es nicht sein, dass gerade auch die psychologischen Terminal-Decline-Vorgänge helfen, uns auf das zu besinnen, was »am Ende« wirklich zählt? Das hat auch etwas mit der Gestaltung des Sterbens zu tun: sich einlassen darauf, dass es ein Lebensende gibt, sich damit auseinandersetzen, wie dieser Prozess sozial-räumlich und in welche institutionellen Kontexte er nach unserem Willen eingebettet sein sollte.

5 Sind wir unseres Alterns Schmied? Macht und Ohnmacht gegenüber dem Älterwerden

Können wir unser Altern selbst in die Hand nehmen? Nach allem, was bislang gesagt wurde, stehen wir heute einem vielschichtigen, in manchen Aspekten widersprüchlichen und ambivalenten Altern gegenüber. Genau das ist heutiges Altern auch psychologisch gesehen: auf der einen Seite eine lange, ja, die längste Lebensphase mit vielen Möglichkeiten für positive Erfahrungen und persönliche Weiterentwicklung. Nie hatten Menschen so lange Zeit, ihr spätes Leben zu gestalten und damit möglicherweise sogar ihrem Leben insgesamt noch einmal ganz neue Impulse zu geben. Sie sind dazu gesundheitlich und geistig so gut gerüstet wie noch nie zuvor. Und sie nutzen auch die Möglichkeitsräume des heutigen Älterwerdens immer stärker aus. Noch einmal, wenn auch ganz bewusst ein wenig redundant: Nutzung des Internet, ehrenamtliches Engagement, neue soziale Projekte bis hin zu neuen Partnerschaften, Interessenspflege und Hobbys in großem Stil, neue Wohnprojekte, nochmals Unternehmer werden, engagierte Großeltern sein, aber dann auch wieder seine Ruhe von all den Familienerwartungen haben wollen, viel unterwegs sein und so fort. Altern hat eine völlig neue Gestalt gewonnen, wird längst immer wieder neu gestaltet.

Auf der anderen Seite dringen die Verluste und Begrenzungen des heutigen Älterwerdens an den unterschiedlichsten Stellen in seine »Gewinnzonen« ein, führen diese nicht ad absurdum, aber stellen doch die heute nicht seltene Fantasie eines unangefochtenen Projekts »Gutes Altern« auch wieder völlig infrage. So lassen negative Altersbilder heute weiterhin Entwicklungspotenziale schon in den Köpfen alternder Menschen verkümmern, und in allen Bereichen des betrachteten Sixpacks der NAPs sind gewichtige Verluste ein natürlicher Teil des Älterwerdens. Besonders deutlich wird dies beim Thema Gesundheit. Es wird wohl beides auf uns zukommen, eine längere Lebenszeit in hoher Kompetenz und eine längere Lebenszeit in Hilfe- und Pflegebedürftigkeit. Beides, sage ich, gehört zu einem erfolgreichen Alter. Deshalb ist Altern in seinem Kern durchaus so etwas wie eine Sisyphosarbeit. Dieser Sisyphos der griechischen Mythologie ist ein Wesen von großer Schlauheit, das sogar versucht, und deshalb passt die Metapher auch gut auf das heutige Altern mit seinen manchmal zu beobachtenden Allmachtsfantasien, den Tod zu überlisten; er fesselt den Todesgott Thanatos und blockiert auf diese Weise den Zustrom zum Hades. Das kann natürlich nicht lange gut gehen. Am Ende ereilt ihn die allseits bekannte Strafe: Er muss auf ewige Zeit einen Felsblock einen Berg hinaufrollen. Fast am Gipfel angelangt, rollt der Felsblock trotz letzter Kraftanstrengung wieder ins Tal. Und die Mühsal beginnt von Neuem.

Meist wird der Begriff der Sisyphosarbeit in einem negativen Sinne gebraucht, als etwas Sinnloses. Doch meine ich dies gerade nicht, wenn ich ihn auf das heutige Älterwerden beziehe. Es ist vielmehr etwas Gutes, wenn wir uns auch spät im Leben in einem sehr breit gemeinten Sinne »anstrengen« und teilweise Unglaubliches möglich wird: nach einem intensiven Bewegungsprogramm wieder ohne einen Rollator gehen können, nach einem entsprechenden Training kognitive Stabilisierung erreichen, besser mit lange bestehenden psychischen Problemen umgehen lernen und z. B. im Zuge einer Psychotherapie spät im Leben Depressivität reduzieren – das sind gewaltige Felsverschiebungen und Fortschritte »nach oben«. Sie werden immer wieder unterschätzt oder kleingeredet.

Doch leider ist es gerade im höheren und vor allem im vierten Alter auch so, dass der Fels immer wieder zurückrollt, dass unsere biologischen und psychischen Ressourcen, die wir für das Weiterbewegen oder auch nur Stabil-Halten des Felsens, um im Bild zu bleiben, bräuchten, nicht mehr in genügendem Ausmaß vorhanden sind. Dann geht es rückwärts, aber dennoch erreichen viele ältere Menschen immer wieder auch ein »Basislager«, von dem aus ein gewisser Aufstieg noch einmal möglich ist, nicht mehr so weit nach oben, aber doch eben »nach oben«. Und ab einem gewissen Punkt ist vielfach dann das Verbleiben in immer neuen »Basislagern« selbst schon die beste Antwort auf die Anforderungen des Älterwerdens, die dann wohl übergeht in eine psychologische Terminalität des fünften Alters. Das ist alles in allem also kein negatives Bild des Älterwerdens, sondern ein vielschichtiges Bild sich verschiebender »Grenzwanderungen«, bis der Tod, die natürlichste Grenze des Lebens schlechthin, erreicht ist.

Modelle erfolgreichen Älterwerdens

Macht es vor dem Hintergrund des eben Gesagten überhaupt Sinn, von erfolgreichem Altern zu sprechen? Dabei ist das Konzept des erfolgreichen Alterns bereits in den 1950er-Jahren aufgekommen und heute auch in der NAPs sehr verbreitet. Die Grundidee dieses Konzepts war, historisch gesehen, vor allem, der allgemeinen Tendenz (auch in vielen wissenschaftlichen Abhandlungen zum Altern), Altern vor allem als Verlustgeschichte und als Defizitgeschehen zu betrachten, ganz bewusst etwas entgegenzusetzen. Es gibt mit dem Altern verknüpfte positive Entwicklungsmöglichkeiten, auch wenn diese an sich vorhandenen Potenziale heute nur von einer kleinen Gruppe von älteren Menschen tatsächlich erreicht werden. So jedenfalls haben die heute prominentesten Vertreter des Konzepts des »Successful Aging«, die beiden amerikanischen Alterswissenschaftler Jack Rowe und Robert Kahn (1987, 2015) argumentiert. Andere wiederum haben infrage gestellt, ob ein solches Argument wirklich überzeugend ist – oder nicht doch eher ein »Alterselitedenken« bedeutet: Eine kleine Gruppe von Älteren zählt zu den Gewinnern des Älterwerdens, während die anderen, leider, leider, eben nicht erfolgreich altern. Schaut man genauer auf die bislang in diesem Bereich vorgetragenen Überlegungen, so ergeben sich für mich die folgenden sechs Aspekte bzw. Antwortversuche in Bezug auf die Frage »Brauchen wir den Begriff des erfolgreichen Alterns?« Alle sind aus meiner Sicht begrenzt und unbefriedigend. Am Ende steht deshalb ein pragmatischer Lösungsversuch, den ich vorschlagen möchte.

1 Die einfache Antwort: Altern ist sehr verschieden, lassen wir doch jeden oder jede nach seiner/ihrer Façon glücklich oder weniger glücklich alt werden. Es macht keinen Sinn, nach einer allgemeinen Definition von erfolgreichem Altern zu suchen. Diese Antwort finde ich zu einfach, weil sie letztlich das Konzept des erfolgreichen Alterns nicht als ein wissenschaftlich seriöses betrachtet: »Anything goes.«
2 Die Antwort »von unten«: Die Älteren selbst zu erfolgreichem Altern zu befragen, erbringt die besten Antworten. Diese Antwort ist natürlich bestechend und liegt beispielsweise auch ganz auf der Linie vieler Bestrebungen, die insbesondere in der europäischen Alternsforschung auszumachen sind: vor allem die Perspektive des älteren Menschen als des »Endverbrauchers« von Alternsforschung so intensiv wie möglich einzubeziehen. Diese auf den ersten Blick vielversprechende Antwort hat freilich ihre Grenzen. Vor allem, so behaupte ich, können die Älteren angesichts des derzeitigen Entwicklungsstands einer Kultur des neuen Älterwerdens noch gar nicht wissen, was alles im Alter möglich ist – heute, aber vor allem auch morgen.
3 Die Antwort »von oben«: Altersforscher wissen am besten, was erfolgreiches Altern bedeutet. Hören wir also vor allem auf diese. So definieren beispielsweise die erwähnten Alternsforscher Rowe und Kahn (1987 und 2015) erfolgreiches Altern folgendermaßen: (1) hohes Engagement im Alltag, (2) hohe geistige Leistungsfähigkeit und (3) das möglichst weitgehende Fehlen von Krankheiten und Funktionseinbußen. Doch warum die Engführung auf diese drei Bereiche?

Darf dies irgendjemand für die Älteren entscheiden? Ganz abgesehen davon, dass, wenn man eine solche Definition zugrunde legt, wie bereits angedeutet, nur ein kleiner Teil der Älteren (etwa 20 Prozent, wie in entsprechenden Studien gefunden wurde; z.B. Hank 2011) erfolgreich altert; mit einer solchen Definition kann etwas nicht stimmen. Ein weiterer Nachteil derartiger Definitionen liegt darin, dass man das Ideal eines völlig autonom handelnden alternden Menschen hochhält und dabei übersieht, dass Altern immer auch sozial, räumlich und gesellschaftlich-politisch eingebunden ist. Könnte es nicht auch sein, dass die enge und emotional dichte Interaktion zwischen einem Demenzkranken und seinen Angehörigen ein bedeutsamer und bislang unterschätzter Aspekt eines erfolgreichen Alterns darstellt? Alte Menschen sind eben keine Inseln! Erst recht nicht die erfolgreich Alternden! Und vor allem und grundsätzlich gefragt: Ist es akzeptabel, bei Konzepten von erfolgreichem Altern große und bedeutsame Gruppen von Älteren quasi per definitionem auszuschließen, nämlich die Gruppe jener, die Multimorbidität und Behinderungen in den unterschiedlichsten Bereichen aufweisen? Das ist keine gute Idee und eine Exklusivität, welche die NAPs nicht propagieren sollte!

4 Die empirische Antwort: Lassen wir unsere Daten sprechen. Messen wir alle möglichen Variablen, die für erfolgreiches Altern von Bedeutung sind. Dass die NAPs dies kann, haben die bisherigen Kapitel ja deutlich gezeigt. Aber zugleich ergibt sich die Frage: Welchen Aspekt schauen wir uns an? Gesundheit? Wohlbefinden? Autonomie? Soziale Einbindung?

Haushaltseinkommen? Das sagen uns die Daten natürlich nicht. Wir haben die Qual der Wahl, wir müssen auswählen, müssen unsere Auswahl begründen; das wirft uns wieder zurück auf etablierte Modelle und Konzepte erfolgreichen Alterns, ob von unten (die Älteren selbst sollen es sagen) oder von oben (vgl. z. B. die Konzeption von Rowe & Kahn) entwickelt. Mit beiden Ansätzen jedoch können wir, wie gesehen, nicht so richtig zufrieden sein.

5 Die radikale Antwort, die durchaus auch in der bisherigen Diskussion in der internationalen Alternsforschung vorgeschlagen wurde (z. B. Villar, 2012): Geben wir das Konstrukt erfolgreiches Altern (oder ähnliche Begriffe wie aktives, gelingendes, gesundes, zufriedenes, sinnhaftes, gutes, positives Altern) doch einfach ganz auf. Versenken wir diese Begriffe in der Mottenkiste der nicht hilfreichen Konzepte der Alternsforschung. Das aber wäre aus meiner Sicht zu radikal und eine Art wissenschaftliche Vogel-Strauß-Politik. Systematisches Wegsehen als wissenschaftliche Tugend? Das klingt nicht sehr vielversprechend. Ich plädiere also für ein Beibehalten des Begriffs erfolgreiches Altern (auch) für die NAPs. Warum?

6 Meine Antwort wäre: Die Auseinandersetzung mit dem Konstrukt des erfolgreichen Alterns fördert pluralistische und visionäre Sichtweisen der Alternsforschung zu Altern und Älterwerden, ganz gleich ob in höchster Kompetenz oder in hoher Fragilität und Behinderung, und ist als Prozess grundlegend für die Alternsforschung grundsätzlich gut. Man könnte auch sagen: Der wissenschaftliche Weg ist das wissenschaftliche Ziel, das Suchen nach Formen erfolgreichen

> Alterns ist an sich bereits gut und etwas wissenschaftlich Produktives. Wir stehen dennoch vor einem Dilemma: Das Konzept des erfolgreichen Alterns aufzugeben, tut der Alternsforschung nicht gut, aber jeder Versuch, es nachhaltig zu definieren, entgleist oder führt in unendliche Begründungsschleifen, etwa wenn wir uns von einer Norm des guten späten Lebens zur nächsten hangeln. Und dann wieder auf eine andere zurückgreifen, um diese zu begründen.

Mein Lösungsversuch dieses Dilemmas (orientiert an Tesch-Römer & Wahl, 2017) ist pragmatisch angelegt, nicht grundsätzlich – und deshalb vielleicht auch leicht angreifbar.

- Offenhalten der Dimensionen erfolgreichen Alterns: von allem etwas, von keinem zu viel. Die Suche nach dem Verstehen von erfolgreichem Altern in den unterschiedlichsten Lebenslagen ist bereits etwas Produktives. Die NAPs sollte dieses Suchen als wissenschaftliche Tugend, nicht als »Verwässerung« des Konzepts begreifen.
- Pluralistische Sichtweise von erfolgreichem Altern: begriffliche Flexibilität, aber nicht Beliebigkeit in schwierigen Fragen der Alternsforschung. Hier nehme ich an, dass es nicht nur einen Weg für erfolgreiches Altern, etwa begrenzt auf ein festgelegtes Set an Kriterien, geben kann. Ältere Menschen sind die unterschiedlichste Gruppe unserer Gesellschaft überhaupt, so wurde bereits in Kapitel 1 argumentiert. Diese Heterogenität des Älterwerdens anzuerkennen und zu verstehen, darin lag und liegt weiter eine der vornehmsten Aufgaben auch der NAPs.
- Erfolgreiches Alter in jedem Fall auch relational und

kontextuell betrachten. Damit können wir auch krankes Altern und Altern mit schwerwiegenden funktionalen Verlusten und Pflegebeziehungen stärker in Diskussionen zu erfolgreichem Altern einbinden: Erfolgreiches Altern kann auch als erfolgreiche Gestaltung einer Pflegebeziehung verstanden werden. Oder als die optimale Nutzung von anderen Hilfs- und Unterstützungsformen bis hin zu Wohnraumanpassung oder technologischen Hilfen. Warum sollen uns entsprechend gut durchdachte und erforschte Pflegeroboter in Zukunft nicht dabei unterstützen, auch bei bedeutsamen Autonomieeinbußen erfolgreich zu altern?

- Damit verbunden ist auch die Überlegung, in Diskussionen zu erfolgreichem Altern den Begriff der Autonomie und »Agency« (ein weit verbreiteter Begriff der NAPs, der eben eigenständiges, unabhängiges und selbstgesteuertes Handeln meint) nicht zu überziehen. Ältere Menschen sind, gleich in welcher Lebenssituation und gesundheitlichen Verfassung, keine »einsamen« Inseln, die nichts mehr wünschen, als Unabhängigkeit zu bewahren. Ja, ein gewisses Maß an Selbstständigkeit ist von den meisten Älteren hoch erwünscht, aber dies darf Abhängigkeiten doch nicht ausschließen. Natürlich besitzen insofern auch Ältere mit schweren Kompetenzeinbußen und auch mit Demenz ein gewisses Maß an »Agency«, bzw. »Agency« wird eben gemeinsam, etwa mit der Pflegeperson, gelebt und genossen.

Schließlich ist das utopische Element der Idee erfolgreichen Alterns entscheidend: Die Arbeit an Altersutopien ist, wenn man so will, per se schon etwas Erfolgreiches. Was alles ist noch möglich im Alter? Wenn uns viele Ressourcen zur Verfügung stehen? Wenn uns nur mehr wenige Ressourcen zugänglich sind? Dieses »Austesten« der Grenzen des späten Lebens mithilfe von bestmöglichen Lebensstilen, aber auch hilfreichen Interventionen (dazu gleich mehr) ist doch das Spannendste und praktisch Bedeutsamste überhaupt, hat immer schon die Praktische Philosophie, aber auch gerade die Entwicklungspsychologie bewegt. Neue Zonen von Entwicklung entdecken und kultivieren – auch spät und sehr spät in Bezug auf lebenslange Entwicklung!

Stärken des heutigen Alterns: Natürliche Steuerungs- und Selbstinterventionsmöglichkeiten

Machen wir es konkret. Wie können wir selbst unsere Entwicklung und damit auch unsere Plastizität steuern? Etablierte Entwicklungsregulationsmodelle der NAPs geben vor allem die folgenden Antworten:

Der deutsche Entwicklungspsychologe Jochen Brandtstädter (2007) unterscheidet in seinem Zwei-Prozess-Modell der Bewältigung zwischen einem assimilativen, durch »hartnäckige Zielverfolgung« gekennzeichneten und einem akkomodativen, durch »flexible Zielanpassung« gekennzeichneten Modus. Da die im Alternsprozess auftretenden Einbußen und Verluste häufig irreversibel sind und die in früheren Lebensabschnitten verfolgten Ziele oft nicht mehr erreicht werden können, wird angenommen, dass im Alter vor allem ein akkomodativer Bewältigungsstil zur Aufrechterhaltung eines positiven Selbstwertgefühls und zur Lebenszufriedenheit beiträgt. Mit anderen Worten: Ein flexibler Umgang mit Zielen, die nicht mehr erreicht werden können, gehört zum A und O eines erfolgreichen Alterns. Umgekehrt betrachtet: Wenn wir aufgrund der unterschiedlichsten Ressourcenverluste nicht mehr erreichbare Ziele nicht aufgeben können oder wollen, machen wir es uns im Alter ziemlich schwer. Ich denke in diesem Zusammenhang vor allem an Befunde aus unseren Studien mit älteren Menschen mit schweren Sehbeeinträchtigungen. Viele dieser Menschen, aber leider nicht alle, konnten im Laufe des Lebens mit der Behinderung zunehmend anerkennen, dass größere Reisen in unbekannte Regionen oder die bislang selbstverständliche Nutzung ihres Autos nun keine gute Ziele mehr in ihrem Leben sind. Kleinere Ausflüge oder die souveräne Nutzung ihres Wohnquartiers waren aber gar kein Problem. Man kann das auch »Mehr durch weniger« nennen. Ältere Menschen nehmen Abschied von nicht mehr erreichbaren Zielen, behalten aber insgesamt die Kontrolle in einer kleiner gewordenen Lebenswelt. Dies ist für viele Ältere sehr bedeutsam, sehr hilfreich, und es verhindert unnötige Misserfolgserlebnisse.

Die beiden NAPs-Forscher Jutta Heckhausen und Richard Schulz (1995) unterscheiden in ihrer dem eben beschriebenen Modell ähnlichen Lebenslauftheorie kontrollbezogenen Verhaltens bzw. ihrer Motivationalen Theorie lebenslanger Entwicklung (Heckhausen, Wrosch, & Schulz 2010) zwischen primärer und sekundärer Kontrolle. Primäre Kontrolle bezieht sich auf die Möglichkeit, durch eigenes Verhalten aktiv gewünschte Veränderungen in der Umwelt herbeizuführen, sodass in der Umwelt bestehende Möglichkeiten und Anforderungen immer wieder mit eigenen Bedürfnissen aktiv in Einklang gebracht werden; sekundäre Kontrolle bezieht sich dagegen auf eine

Veränderung der eigenen Person, der eigenen Wahrnehmung der Umwelt und eigener Ziele. Primäre Kontrolle wird nun, so die Erwartung von Heckhausen und Kollegen, immer schwieriger, je älter wir werden. Da ein Scheitern primärer Kontrolle nicht nur bedeutet, dass ein angestrebter Zielzustand nicht eintritt, sondern vor allem auch eine Gefährdung von Selbstbild und grundlegenden motivationalen Bestrebungen des Menschen darstellt (wir wollen, so nehmen Heckhausen und Schulz an, eigentlich bis zu unserem Tod primäre Kontrolle ausüben), muss durch geeignete Strategien das Vertrauen in die aktuelle und zukünftige Fähigkeit wiederhergestellt werden. Das machen wir mithilfe von sekundären Kontrollstrategien. Diese erlauben eine effiziente Auswahl und Verfolgung von möglichen Zielen, was wiederum zu einer Erhöhung unseres primären Kontrollgefühls beiträgt – z.B. durch Erhöhung der Attraktivität gewählter Ziele, durch Abwertung nicht gewählter Alternativen oder auch durch eine moderate Überschätzung eigener Kompetenzen. Letztlich heißt das: Wir müssen vor allem spät im Leben im Umgang mit unseren Zielen erfinderisch sein, um auch bei Verlusten gut klarzukommen. Das nicht mehr Mögliche kleinreden, das »noch« oder besser weiterhin Mögliche vor sich selbst erhöhen und sich dafür auch einmal ausgiebig loben. Sekundäre Kontrolle üben viele ältere Menschen zudem dadurch aus, dass sie andere in der Fantasie erniedrigen: Die anderen sind alt, leben im Pflegeheim, sind krank und gebrechlich – man selbst ist weit davon entfernt und eigentlich noch gar nicht alt oder behindert. Wie mir unsere sehbeeinträchtigten Studienteilnehmer immer wieder sagten: Lieber nicht sehen können, als im Rollstuhl sitzen. Derartige soziale Abwärtsvergleiche mag man ein wenig schändlich finden. Sie sind aber sehr wirkungsvoll und bleiben in der Regel ja »intern«.

Das in diesem Buch schon mehrmals erwähnte SOK-Modell (Baltes & Baltes 1990) gehört ebenfalls in die Reihe der hilfreichen Strategien, um das eigene Leben auch im Alter »im Griff« zu behalten und die eigene Entwicklung auch spät im Leben aktiv mitzugestalten. Es geht bekanntlich davon aus, dass lebenslange Entwicklung vor allem von der ständigen und immer wieder neuen Orchestrierung von drei grundlegenden Entwicklungsstrategien (Selektion, Optimierung, Kompensation; SOK) geprägt ist. Durch die Selektion von Funktions- und Verhaltensbereichen und die gezielte Aufrechterhaltung oder Verbesserung der in diesen Funktions- und Verhaltensbereichen bestehenden Ressourcen wird es diesem Modell zufolge möglich, den Auswirkungen von altersbedingten Defiziten und Ressourcenverlusten durch die Neuorchestrierung unserer Entwicklung effizient zu begegnen. Ich hatte bereits mit Blick auf das Beispiel des immer wieder in diesem Zusammenhang beschriebenen Pianisten Arthur Rubinstein gesagt: Ältere Menschen sind an sich alle (mehr oder weniger) im Sinne des Nutzens der SOK-Strategien »Rubinsteine«.

Ferner ist entscheidend, welche Alternsumwelten wir uns selbst schaffen: Wenn es gelingt, uns immer wieder stimulierenden Umgebungen »auszusetzen«, dann tun wir nach allem, was die NAPs zwischenzeitlich an Belegen zusammengetragen hat (Hertzog et al. 2009) viel für den Erhalt unserer allgemeinen Funktionsfähigkeit in einem sehr breiten Sinne. Hertzog und Kollegen sprechen in ihrem in der NAPs vielzitierten Artikel in diesem Zusammenhang von »Engagement«. Dieser umfassende Begriff ist sehr flexibel und betont die Vielfalt dessen, was alles vor allem unserer kognitiven Entwicklung guttut: mit hohem Engagement in unser Alter gehen, aber gerne auch höchst unterschiedlich. Kreuzworträtsel lösen, eine neue Sprache lernen, sich viel bewegen, an neue Dinge (Internet, neue Technologien) wagen, im Chor singen, anderen helfen, soziale Netzwerke pflegen, das sind alles auch kognitive anregende Betätigungen, die erfolgreiches Altern insgesamt unterstützen. Die Effekte sind, wie vor allem der amerikanische kognitive Altersforscher Timothy Salthouse (2006) immer wieder betont hat, nicht riesig, aber durchaus vorhanden. Also gilt auch hier: Es gibt nichts Gutes, außer man tut es.

Allerdings steht und fällt dabei auch vieles mit unserer Persönlichkeit, die wir wie ein Kleid mehr oder weniger unverändert bis zum Lebensende mit uns tragen. Das kann man sich anhand eines der international anerkanntesten und empirisch bestuntersuchten Persönlichkeitsmodelle besonders gut verdeutlichen: dem Modell der sogenannten Großen Fünf (Big Five), das auf die amerikanischen Persönlichkeitspsychologen Paul Costa und Robert McCrae zurückgeht. Gehören wir zu den sogenannten. »High-Scorern« (also Personen mit hohen Werten) im Bereich Neurotizismus (Big Five – 1. Merkmal), dann sind wir zeitlebens relativ anfällig für stresshafte Lebenssituationen, auch im späten Leben. Sind wir »Low-Scorer« in Bezug auf Extraversion (Big Five – 2. Merkmal), dann werden wir uns auch im Alter schwerer tun, soziale Netzwerke zu erhalten. Sind wir hoch in Offenheit (Big Five – 3. Merkmal), dann gelingt es uns wahrscheinlich besser, neue Erfahrungen auch im Alter zu erschließen. Sind wir verträglicher (Big Five – 4. Merkmal), können wir soziale Beziehungen, auch Pflegebeziehungen, befriedigender gestalten. Sind wir niedrig in Gewissenhaftigkeit (Big Five – 5. Merkmal), tun wir möglicherweise zu wenig für unsere Gesundheit und vor allem für vorsorgendes Verhalten, etwa wenn es um die Vorbereitung von Wohnmöglichkeiten im Falle von Pflegebedürftigkeit geht. All diese Annahmen sind zwischenzeitlich auch in Studien der NAPs relativ gut belegt.

Profis für das Altern: Was professionelle Interventionen heute leisten können

Die gewissermaßen natürlich vorhandenen Selbststeuerungsfähigkeiten und die effiziente Selbstregulation älterer Menschen sind etwas sehr Gutes; bis zu einem gewissen Grad sind wir tatsächlich unseres Alterns Schmied. Aber es gibt auch Grenzen. Wenn gesundheitliche, nicht selten auch psychische Probleme zu mächtig werden, brauchen wir hochwertige und gut empirisch geprüfte professionelle Versorgungsangebote. Ich nenne sie hier allgemein Gero-Interventionen. Die positive Seite: Viele dieser Angebote sind zwischenzeitlich anhand von kontrollierten »Outcome«-Studien empirisch ziemlich umfassend untersucht und in ihrer Wirksamkeit bei älteren Menschen bestätigt worden. Die weniger positive Seite: Viele der grundsätzlich zur Verfügung stehenden und hilfreichen Angebote sind noch schwer erreichbar, d. h. die Wahrscheinlichkeit, dass ältere Menschen den besten Mix an grundsätzlich vorhandenen hochwertigen Versorgungsangeboten erhalten, ist (noch!) nicht sehr hoch.

Grundsätzlich können Gero-Interventionen auch als »Härtetest« für den Erfolg der NAPs angesehen werden. Sie zeigen die vielfältigen Anwendungsmöglichkeiten ihrer Befunde, aber auch die bedeutsame Plastizität des alternden menschlichen Systems in seinen physischen, psychischen und sozialen Bereichen. Interventionen unterstreichen ferner die Gestaltbarkeit (auch) des späten Lebens durch äußere Einflussnahme und, wie es oft heißt, systematisch durch Professionelle angebotenes »enrichment«, sie unterstützen Bemühungen um ein gutes Leben im Alter, und sie nähren damit auch Utopien dessen, was im Alter, selbst im sehr hohen Alter und unter widrigen gesundheitlichen und sozialen Umständen, möglich ist.

Tabelle 5 (leicht verändert übernommen aus Wahl 2012) gibt einen Überblick über Problembereiche des Älterwerdens, entsprechende Interventionsformen und Anbieter bzw. Institutionen.

Tabelle 5: Heute zur Verfügung stehende Gero-Interventionen

Bereich mit Interventionsbedarfen	Beispielhafte Interventionsformen	Beispielhafte Anbieter/ Institutionen
Verlust von Alltagskompetenz zur selbstständigen Lebensführung (z. B. Nahrungsaufnahme, Körperpflege, An- und Auskleiden nach Schlaganfall)	Training von Alltagskompetenz, Verhaltensmodifikation, Beratung, Optimierung der gebauten und sozialen Umwelt, Nutzung von Technologien	Ergotherapie, Physiotherapie, Sozialdienst, Tagesklinik, ambulante und stationäre, geriatrische Rehabilitation einschließlich psychologischer Diagnostik und Behandlung, Wohnberatung, Betreutes Wohnen
Depression, Ängste, psychosomatische Störungen	Psychotherapie (vor allem psychodynamische Ansätze, Verhaltenstherapie, Gesprächstherapie), Pharmakotherapie	Psychotherapeuten, Klinische Psychologen Psychiater, entsprechende Kliniken und Beratungsstellen

Bereich mit Interventionsbedarfen	Beispielhafte Interventionsformen	Beispielhafte Anbieter/ Institutionen
Allgemeine körperliche Fitness, Bewegungsunsicherheit, Sturzgefährdung und Sturzängste	Bewegungswissenschaftlich fundierte Interventionen, Krafttraining	Selbsthilfegruppen (z. B. Herzsportgruppen), Volkshochschulen, Angebote der Krankenkassen, psychologische Beratungsangebote in Zusammenarbeit vor allem mit der Sportwissenschaft
Bedeutsame/ krankhafte kognitive Defizite	Differenzierte Diagnostik der Ursachen, ggf. kognitives Training, auch körperliches Training	Memory Clinic, Gedächtnissprechstunde, Neurologen, Psychiater, Neuropsychologie
Normale mit dem Altern verbundene kognitive Verluste	Kognitives Training, Mehrkomponenten-Interventionen einschließlich körperlichem Training, Schaffung von neuen Anregungsbedingungen	Psychologische Beratung, Ärzte, sportwissenschaftliche Angebote, Freizeitstätten, Tagespflege, Volkshochschulen, neue Wohnformen
Demenzielles Syndrom	Kognitives und körperliches Training, Validation, Erinnerungstherapie, Mal- und Musiktherapie, Anpassung der räumlichen Umgebung	Häusliche Pflege, Tagesklinik, Tagespflege, Heime, Geriatrische Kliniken einschließlich psychologischer Diagnostik und Behandlung
Kritische Lebensereignisse (wie Multimorbidität, Verwitwung, Umgang mit Sterben und Tod)	Disease-Management-Programme, psychosozial orientierte Gruppenarbeit und Beratung, Trainings in sozialen Fertigkeiten, Trauergruppen	Fachkliniken, Krankenkassen, Träger psychologischer Beratungsangebote
Belastung pflegender Angehöriger	Unterstützungsangebote für pflegende Angehörige, Psychoedukation, Entlastungsinterventionen, Psychotherapie	Selbsthilfegruppen (z. B. Alzheimer-Gesellschaft), Sozialstationen, Kurzzeitpflege, Tagespflege, psychologische Beratung

Die Tabelle zeigt eindrücklich, dass das heute zur Verfügung stehende Versorgungsangebot recht umfassend ist. Insgesamt wird deutlich, dass multi-professionelles Tun notwendig ist, d.h. das Können vieler Disziplinen und anerkannter Berufsgruppen wie Psychologen, Geriater, Ergotherapeuten, Alten- und Krankenpfleger muss hier ineinandergreifen. Die Psychologie spielt also bei all diesen Gero-Interventionen eine bedeutsame Rolle (z.B. bei der Diagnostik kognitiver Störungen, aber auch bei Psychotherapie und kognitiven Trainings), muss aber auf jeden Fall auch vielfältige Liaisons eingehen.

Auf einige Bereiche sei etwas näher eingegangen. Der Umgang mit psychischer Gesundheit bzw. entsprechende Behandlungsangebote bei psychischen Problemen sind in unserer Gesellschaft noch immer stark tabuisiert. Ältere Menschen mit psychischen Erkrankungen stehen besonders schlecht da; sie haben eine besonders geringe Chance, eine hochwertige Behandlung zu erhalten, d.h. ihr Anteil an entsprechenden Behandlungen (z.B. niedergelassene Fachärzte oder Psychologen mit Approbation zur Psychotherapie) liegt weit unter ihrem Anteil an der Bevölkerung (etwa 1 % gegenüber 20 %). Bei klinischen Psychologen, das haben entsprechende Befragungen gezeigt, herrscht nach wie vor ein starker Therapiepessimismus, junge Klientinnen und Klienten werden klar bevorzugt. Alte Menschen werden als nicht sehr aussichtsreiche »Fälle« betrachtet, für die sich ein therapeutischer Einsatz nur noch sehr bedingt lohne. Insofern bin ich überaus froh, dass es am Psychologischen Institut der Universität Heidelberg, also an meinem Institut, auch viele alternspsychologische Lehrveranstaltungen für Bachelor- und Masterstudierende gibt. Viele dieser Studierenden wollen Psychotherapeuten/innen werden, und meine

Hoffnung ist, dass man hier bereits während des Studiums anhand von Forschungsevidenz (wie auch in diesem Buch dargestellt) Altersbilder positiv beeinflussen kann.

Doch es gibt natürlich auch noch viele Vorbehalte bei älteren Menschen und ihren Angehörigen selbst: Bin ich »verrückt«, wenn ich psychotherapeutische Hilfe in Anspruch nehme? Nachfolgende Generationen von älteren Menschen scheinen hier immer offener auch für psychosoziale Behandlungsmöglichkeiten zu werden; sie betrachten psychotherapeutische Behandlungen zunehmend als sinnvolle und inzwischen gut geprüfte Versorgungsangebote, und dies völlig zu Recht: Psychotherapie funktioniert auch mit älteren Menschen – daran kann heute gar kein Zweifel mehr bestehen.

Überaus wichtig sind auch Angebote zur Unterstützung körperlicher Aktivität. Die wissenschaftliche Evidenz ist hier eindeutig: Schon ein paar Wochen intensiven körperlichen Trainings (das ja auch sehr viel Freude bereiten kann) zeigen Wirkung, verbessern die Alltagskompetenz, reduzieren Sturzgefährdungen, stabilisieren die kardio-vaskuläre Fitness und unterstützen die kognitiven Funktionen. Es ist gar nicht auszudenken, was geschehen würde, wenn es zukünftig gelänge, ältere Menschen generell in viel stärkerem Maße als heute zu körperlichen Trainings zu aktivieren, bzw. diese immer häufiger selbst »loslegen« würden. Damit ließen sich Milliarden an gesundheitlichen Versorgungskosten einsparen.

Völlig klar ist ferner, dass wir in Zukunft im großen Stil systematische Angebote (Disease-Management-Programme) für den Umgang und das Leben-Lernen mit chronischen Erkrankungen benötigen. Beispielsweise hat sich bei älteren Menschen mit schweren Seheinschränkungen deutlich gezeigt, dass eine hochwertige augenärztliche Behandlung (die aber eben manchmal auch an ihre Grenzen stößt, wie das Beispiel der altersabhängigen Makuladegeneration demonstriert hat) der Ergänzung durch in kleinen Gruppen durchführbare Selbst-Management-Programme bedarf. In diesen lernen die Betroffenen, wie sie Ziele im Alltag trotz der Behinderung erreichen oder auch anpassen können (vgl. nochmals das SOK-Modell), wie sie mit ihren negativen Gefühlen umgehen und vor allem wie sie sich im Alltag positive Erfahrungen trotz der Behinderung verschaffen können. Die Gruppensituation hilft zudem über den Weg des Modell-Lernens (»Wenn das bei Frau Schmidt funktioniert, warum nicht auch bei mir?«), einer der mächtigsten Lernwege von uns allen.

Pflegende Angehörige sind schließlich, wie bereits in Kapitel 3 deutlich wurde, durch die mit dem Altern eintretenden Veränderungen ihrer Partner oder Eltern – prototypisch dafür stehen dementielle Veränderungen – stark gefordert und nicht selten psychisch und physisch sehr belastet. Hilfreiche Interventionen, bei den älteren Menschen selbst, aber eben auch bei den Angehörigen, können hier zu Entlastungen und zu einem besseren Umgang mit der Pflegesituation, aber auch mit eigenen Lebenszielen führen.

All dies zeigt erneut, dass die Zukunft einer hochwertigen Versorgung älterer Menschen nur im Zusammenwirken verschiedener Disziplinen und Versorgungsexperten mit hohen gerontologischen und geriatrischen Fachkenntnissen liegen kann. Wir werden in nicht allzu ferner Zukunft ein neues, nicht zuletzt durch den demografischen Wandel weiterentwickeltes Gesundheitssystem auch in Deutschland erleben, das in seinem Kern medizinisch-geriatrische Kompetenzen mit Pflegekompetenzen und Verhaltensinterventionen umfassend vereint. Die meisten Versorgungspfade älterer Menschen werden zukünftig in ausgewogener Weise auf all diesen Säulen aufbauen (siehe dazu Gitlin & Czaja 2016). Auf diesem Wege könnten die Bedürfnisse (es wurde bei älteren Menschen schon von »Komplexbedarfen« gesprochen, weil diese eben nicht nur medizinische, sondern vielfältige weitere Unterstützungen und Versorgungsangebote benötigen) und Potenziale in deutlich besserer Weise als bisher beachtet bzw. genutzt werden.

Und worin liegen die berufs- und gesellschaftspolitischen Potenziale von Gero-Interventionen? Sie führen in erster Linie zu einer stetigen Verbesserung der Profilierung unterschiedlichster Professionen und wirken damit auf das professionelle System zurück, speziell jenes mit direkter Bedeutung für demografische Wandlungsprozesse und das Altern unserer Gesellschaft. So hat etwa der Berufsstand der Ergotherapie gerade durch Interventionserfolge bei alten Menschen international signifikante Profilierungen erfahren, mit der Folge, dass in diesem Fach heute gegenüber den 1990er-Jahren deutlich andere, eben auch auf ältere Menschen bezogene Ausbildungs- und Tätigkeitsinhalte dominieren.

Interventionen sind schließlich auch für die Gesellschaft und eine neue Kultur des Älterwerdens insgesamt von großer Bedeutung. Sie können beispielsweise durch Nachweis dessen, was »noch« spät im Leben möglich ist, negativen Altersstereotypen entgegenwirken, aber sie können auch, ganz handfest, Gesundheitskosten sparen, etwa wenn gezeigt werden kann, dass die Unterstützung und Edukation im »Disease-Management« von chronischen Krankheiten zu deutlichen Einsparungen beim sehr kostspieligen Psychopharmakaverbrauch bei älteren Menschen führt und

Drehtüreffekte (immer wieder neue Arztbesuche usw.) verhindert werden.

Führt man sich derartige Überlegungen vor Augen, dann kommt eine weitere Herkulesaufgabe auf unsere Gesellschaft zu: Wir brauchen wahrscheinlich im großen Stil Bildungs- und Interventionsprogramme zur Verbesserung und stärkeren Differenzierung von Altersbildern. Die NAPs arbeitet daran, und erste Studien zeigen deutlich, dass auch unsere Ansichten über Älterwerden plastisch sind und verändert werden können (Kotter-Grühn 2015). Zum Beispiel hat sich in entsprechenden Experimenten immer wieder gezeigt, dass systematische Rückmeldungen darüber, was ein älterer Mensch alles tun und leisten kann, sehr bedeutsam dafür sind, um negative Selbststereotypen zurückzufahren. Ältere Menschen mit solch experimentell reduzierten negativen Sichtweisen und vermehrten positiven Sichtweisen gegenüber dem eigenen Älterwerden erwiesen sich in derartigen Studien im Vergleich zu »Unbehandelten« als kognitiv und körperlich leistungsfähiger. Auch die Medien und die Öffentlichkeit spielen dabei eine herausragende Rolle. Beides, Altern mit schweren Einbußen und »Superaltern«, ist in den Medien (Printmedien, TV) noch zu stark vertreten; wir brauchen mehr mediale Aufmerksamkeit für das ganz normale Älterwerden, also was Ältere »ganz normal« leisten, können und erleben möchten, aber auch für die sehr große Unterschiedlichkeit der älteren Menschen. Im öffentlichen Raum ist es für uns alle wichtig, Altersdiskriminierungen deutlich anzuprangern und nicht durchgehen zu lassen. Das kann im Supermarkt, vor Bankautomaten, im öffentlichen Nahverkehr oder in Bezug auf sogenannte ältere Arbeitnehmer sein. Wenn man nur einmal ein paar Tage aufmerksam ist, wird man feststellen, dass Altersdiskriminierungen in unserer Gesellschaft immer noch absolut salonfähig sind.

Die weitere Herkulesaufgabe besteht dann darin, wie das sehr umfassende Portfolio an Gero-Interventionen nachhaltig umgesetzt werden kann. Hier hat sich eine ganz neue Wissenschaftsrichtung herausgebildet, die sogenannte Implementierungsforschung. Diese ist leider in Deutschland noch nicht so weit entwickelt wie etwa in den USA oder den skandinavischen Ländern (vgl. nochmals Gitlin & Czaja 2016). Die zentrale Überlegung dabei lautet: Selbst die wissenschaftlich am besten bestätigten Gero-Interventionen gehen mit Sicherheit nicht quasi automatisch in alltägliche und für viele ältere Menschen oder für pflegende Angehörige erreichbare Versorgungsformate über. Diese Übersetzungsleistung ist eine Wissenschaft für sich; es gilt viele Widerstände und Besonderheiten (etwa bestimmter Berufsstände) zu beachten, damit erfolgreich geprüfte Gero-Interventionen auch tatsächlich erfolgreich und nachhaltig in die alltägliche Versorgung übergehen können (Hoben, Bär & Wahl, 2015).

Resümee

Sind wir also wirklich unseres Alterns Schmied? Die Antwort ist ein klares Jein. Das ist durchaus ermutigend. Dass spät im Leben die Biologie unser Schicksal vollkommen übernimmt – diese Behauptung hat lange Zeit unsere Sichtweisen des Älterwerdens und auch die wissenschaftliche Diskussion bestimmt. Doch damit ist es nun endgültig vorbei. Das Prinzip 5 der NAPs, dass nämlich die Menschen Gestalter des eigenen Alterns sind, ist ein mächtiges. Aber natürlich gibt es Grenzen.

Die natürlichen Selbstregulationskräfte sind, wie gesehen, erheblich. Ältere Menschen haben gewissermaßen einen gut gefüllten »Werkzeugkasten« zur Verfügung, um mit den Anforderungen, aber auch mit den Widrigkeiten des Älterwerdens so gut wie möglich zurechtzukommen. In diesem Sinne sind ältere Menschen wahre Meister der Anpassung. Aber gerade durch die möglichen Mehrfachbelastungen spät im Leben, etwa beim Zusammentreffen verschiedener chronischer Krankheiten und Funktionseinbußen, können auch die Grenzen der psychischen und physischen Widerstandsfähigkeit erreicht werden.

Dann kommen die Profis des Alterns – unterschiedliche Professionen mit mittlerweile einer sehr hohen Expertise in der Behandlung von schwierigen Lebenslagen im Alter – voll zum Zug. Erfolgreiches Altern ist also mit dem Eintritt körperlich-psychischer Krisensituationen durchaus nicht zu Ende. Mit Hilfe einer breiten Palette von empirisch geprüften Gero-Interventionen ist vieles zu erreichen. Gute Gero-Interventionen zeichnen sich nicht zuletzt dadurch aus, dass sie älteren Menschen wieder Freiheitsspielräume eröffnen. Es liegt auf der Hand, dass wir in diesem Bereich auch zunehmend den Einsatz von Gero-Technologien (Roboter, Exoskeletts, Sensortechnologie, Internetnutzung) erleben werden. Ältere Menschen und pflegende Angehörige werden sich Trainings und psychosoziale Angebote in Zukunft häufig auch im Internet abholen. Möglicherweise sind es zukünftig vor allem auch solch technikgestützte Wege, welche die Nutzung und tatsächliche Inanspruchnahme von Gero-Interventionen vorantreiben werden. Sie sind, wenn grundlegende Zugangsbarrieren überwunden sind, gerade für ältere Menschen oder unabkömmliche pflegende Angehörige besser zu erreichen als herkömmliche Hilfsangebote.

Schluss

Kein Ende in Sicht: Altern im Übergang zu Neuem und noch weithin Unbekanntem

Welches Bild des heutigen Alterns tritt uns entgegen, wenn wir alle Befunde der neuen Psychologie des Alterns zusammennehmen? Die wichtigste Botschaft lautet: Im Vergleich zu traditionellen Vorstellungen des Älterwerdens, die immer noch in unseren Köpfen herumgeistern und in denen Altern vor allem als eine Verlustgeschichte betrachtet wird, treten nun offensichtlich viele, leider immer noch häufig unterschätzte Potenziale älterer Menschen zutage.

Auf der anderen Seite stellt Altern uns weiterhin vor Grenzen. Zwar steigt die Lebenserwartung stetig weiter an. Gleichzeitig aber werden wir am Ende eines sehr langen Lebens immer verletzlicher. Man könnte auch plakativer sagen: Wir altern historisch gesehen immer langsamer, bleiben immer länger jung, müssen dann aber auch das Vierte Alter »überstehen«; schließlich altern wir gegen Ende des Lebens sehr schnell und werden spät im Leben durch Terminal-Decline-Prozesse noch einmal psychisch besonders herausgefordert. Paul Baltes hat es schon in den 1990er-Jahren so auf den Punkt gebracht: »Hoffnung mit Trauerflor«. Der Aspekt der Hoffnung ist dabei mehr als berechtigt; die Ressourcen des heutigen Alterns sind historisch gesehen einmalig und beispiellos. Die Trauerkomponente wiederum geht einher mit der Einsicht, dass Altern heute nicht nur die längste, sondern auch die ambivalenteste Lebensphase darstellt. Wir haben sehr viel in den Händen, aber gerade dieses »Viel« bringt die Grenzen und Verluste des Älterwerdens noch prägnanter zum Vorschein.

Ich habe versucht, dieses bedrohliche und beängstigende Licht-und-Schatten-Spiel mit einer ausgleichenden Metapher zu versehen: Altern als Sisyphosarbeit. Es geht heute auch im Alter in riesigen Schritten weiter voran, neue Möglichkeitsräume ungeahnten Ausmaßes haben sich aufgetan und tun sich weiter auf – und gleichzeitig werden diese Möglichkeiten zunehmend aufgehoben, wenn wir ins Vierte und Fünfte Alter eintreten.

Allerdings sollten wir diesen ambivalenten Aufgabencharakter des heutigen Alterns nicht nur wissenschaftlich durchdringen, sondern auch auf andere Möglichkeiten zurückgreifen, um Lebenseinsichten zu gewinnen. So eignet sich beispielsweise die bildende Kunst sehr gut, um lebenslange Entwicklung besser zu verstehen. Kunstwerke können auf ganz besondere Weise den ambivalenten Charakter unserer späten Entwicklung veranschaulichen. Vieles ist mir dabei schon begegnet. Ein sehr schönes Beispiel dafür ist Giorgio de Chiricos Gemälde Geheimnis und Melancholie einer Straße aus dem Jahr 1914 (siehe Abbildung 12).

Abb. 12: Giorgio de Chirico, Geheimnis und Melancholie einer Straße, 1914.

Licht und Schatten in deutlichem Kontrast. Eine Straße mit offenem Ende. Ein junges Mädchen mit einem Reifen fröhlich laufend an dem einen Ende der Straße – mit klarer Richtung. Eine schwer identifizierbare, scheinbar wartende Gestalt irgendwo weiter die Straße hoch, nur durch ihren Schattenwurf zu erkennen. Bewegung und Stillstand? Leben und Tod?

Letztlich bleibt vieles am heutigen Altern geheimnisvoll. Gerade die neuesten Erkenntnisse der NAPs haben diesen Charakter des Geheimnisvollen noch verstärkt. So viel neues Entwicklungspotenzial spät im Leben und doch auch die Aufhebung in gewisser Weise immer schon eingebaut – das ist wahrhaft ein großes Geheimnis, aber beileibe kein Grund zu Pessimismus und Verzweiflung! Sondern Ansporn, das Geheimnis anzunehmen – ohne überzogene »Entdeckungssucht«.

Die Befunde der NAPs bringen die Alternsforschung und das praktische Älterwerden ohne Zweifel deutlich weiter. Doch das Geheimnisvolle des Alterns bleibt. Nicht nur die bildende Kunst, sondern auch die Musik hilft, dieses Wechselspiel zwischen rationalen Einsichten und einer geheimnisvollen Melancholie für das eigene Leben anzunehmen. Eine Komposition, die sich mir beim Schreiben dieser Zeilen aufdrängt, ist »Chanson de Matin« von Edward Elgar (Opus 15, Nr. 2). Auch die Literatur kann hier einiges leisten. *Die letzten Dinge* von Iris Radisch (2015) hatte ich bereits zu Anfang des Buches erwähnt. Sehr beeindruckt haben mich jüngst Dieter Wellershoffs Monolog über das Altern und das Lebensende, *Ans Ende kommen* (2015), und Günter Grass' posthum erschienenes Werk *Vonne Endlichkeit* (2015). Ich brauche als Alternsforscher auch andere Genres, um die Möglichkeiten und Grenzen wissenschaftlicher Analysen des Alterns besser zu erkennen.

Das bringt mich wieder zurück auf die wissenschaftliche Ebene. Hier ist es eine gute und wichtige Tradition, am Ende einer Abhandlung die »Beschränktheiten« der eigenen Arbeit einzuräumen. Das will ich hier auch tun: »Ich weiß, dass ich nichts weiß!« Das gilt sicher auch für die NAPs – für mich ohnehin. Auch wenn ich in diesem Buch nichts anderes versucht habe, als die Bedeutung der NAPs für die verschiedensten Annäherungen an das Älterwerden unter Beweis zu stellen: In gewisser Weise ist dies alles »nur« beginnendes Wissen, vorläufiges Wissen, aber besser als es jemals war! Natürlich benötigt die NAPs noch mehr Längsschnittdaten und längere Beobachtungszeiträume, um die psychischen Prozesse des Älterwerdens noch besser zu verstehen. Und natürlich ist meine Auswahl an Theorien und Befunden trotz aller wissenschaftlichen Haltung bis zu einem gewissen Grad subjektiv und möglicherweise zu einseitig. Andere meiner Kolleginnen und Kollegen hätten ihre Argumente vielleicht anders aufgebaut und begründet, wären aber auch, so meine Hoffnung, zu ähnlichen Gesamteinsichten in Bezug auf das Älterwerden heute gelangt.

Wie wird das Altern in 20 oder 30 Jahren aussehen? Solche Prognosen sind stets gewagt, doch einiges zeichnet sich nach den in diesem Buch zusammengetragenen Erkenntnissen der NAPs schon ab: Altern wird über weite Strecken dem traditionellen Altersbild, selbst dem heutigen Älterwerden, immer unähnlicher werden. Es wird sich um eine eigenständige und allseits anerkannte Lebensphase mit ganz eigenen Entwicklungspotenzialen handeln. Aber es ist und bleibt auch eine Lebensphase mit vielen Begrenzungen, die mit dem Fortschritt der Alternsforschung zwar immer besser durchdrungen werden, aber ihren Geheimnischarakter wohl niemals verlieren.

Danksagung

Bei einem Treffen im April 2015 mit Martin Scherer und Usha Swamy vom Kösel-Verlag entstand die Idee eines populärwissenschaftlichen Buches über das Altern und speziell über mein Fachgebiet, die Alternspsychologie. Nach anfänglichem Zögern war sehr schnell klar: Das mache ich. Vor allem deswegen, weil mir in den letzten Jahren deutlicher denn je bewusst wurde, dass die Alternspsychologie gerade durch ihre neuesten Befunde sehr Wichtiges zu der immer virulenter werdenden gesellschaftlichen Diskussion in unserer Gesellschaft über Alt-werden und Alt-sein beizutragen hat – aber ihre Erkenntnisse bislang nur ansatzweise für eine breitere Öffentlichkeit »übersetzt« wurden. Daraus ist nun dieses Buch geworden: eine »Leistungsschau« der neuen Psychologie des Alterns und ihrer Ergebnisse.

Ich möchte die Gelegenheit nutzen, mich bei allen herzlich zu bedanken, mit denen ich arbeiten und forschen durfte und darf; viele der in diesem Buch getroffenen Aussagen basieren auf diesen Forschungskooperationen. Dennoch sind die von mir gezogenen Schlussfolgerungen allein meine und nur von mir zu verantworten. Besonders wertvoll waren und sind mir ferner die Menschen in meiner unmittelbaren professionellen Umgebung, insbesondere in meiner Abteilung am Psychologischen Institut der Universität Heidelberg. Mein Dank gilt auch meiner Frau Brigitte, deren Meinung zu diesem Buch mir sehr wichtig war und mir sehr geholfen hat. Sehr bedanken möchte ich mich schließlich bei Sibylle Meyer und Usha Swamy für die überaus engagierte und persönlich sehr angenehme Beratung und Betreuung in allen Stadien der Buchentstehung. Das gilt ebenso für Herrn Dr. Andreas Wirthensohn, der einen ersten Gesamtentwurf höchst zielführend und kritisch als Lektor überarbeitet hat. Eine großartige Verlagserfahrung für mich.

Hans-Werner Wahl, im Dezember 2016

Literaturnachweis

Bäckman, L. & MacDonald, S.W.S. (2006): Death and cognition: Synthesis and outlook, in: European Psychologist, 11, S. 224–235.

Baltes, P.B., & Baltes, M.M. (1990): Psychological perspectives on successful aging: The model of selective optimization with compensation, in: P.B. Baltes & M.M. Baltes (Hrsg.), Successful aging: Perspectives from the behavioral sciences. New York: Cambridge University Press, S. 1–34.

Baltes, M. & Carstensen, L.L. (1996): Gutes Leben im Alter: Überlegungen zu einem prozessorientierten Metamodell erfolgreichen Alterns, in: Psychologische Rundschau, 47, S. 199–215.

Birren, J.E. & Schroots, J.J.F. (1996): History, concepts, and theory in the psychology of aging. In J. E. Birren & K. W. Schaie (Hrsg.), Handbook of the psychology of aging. 4. Auflage, San Diego: Academic Press, S. 3–23.

Böhm, K., Tesch-Römer, C. & Ziese, T. (Hrsg.) (2009): Beiträge zur Gesundheitsberichterstattung des Bundes. Gesundheit und Krankheit im Alter. Berlin: Robert-Koch-Institut.

Brandtstädter, J. (2007): Das flexible Selbst. Selbstentwicklung zwischen Zielbindung und Ablösung. Heidelberg: Elsevier/Spektrum Akademischer Verlag.

Charles, S.T. (2011): Emotional experience and regulation in later life, in: K.W. Schaie & S.L. Willis (Hrsg.), Handbook the psychology of aging. 7. Auflage, London: Academic Press, S. 295–310.

Christensen, K., Thinggaard, M., Oksuzyan, A., Steenstrup, T., Andersen-Ranberg, K., Jeune, B., McGue, M. & Vaupel, J. W. (2013): Physical and Cognitive Functioning of People Older than 90 Years: A Comparison of Two Danish Cohorts Born 10 Years Apart, in: The Lancet, 382, S. 1507–1513.

Claßen, K., Oswald, F., Doh, M., Kleinemas, U. & Wahl, H.-W. (2014): Umwelten des Alterns: Wohnen, Mobilität, Technik und Medien. Stuttgart: Kohlhammer.

Colcombe, S. & Kramer, A. F. (2003): Fitness effects on the cognitive function of older adults: a meta-analytic study, in: Psychological Science, 14, S. 125–130.

Deary, I.J., Whiteman, M.C., Starr, J.M., Whalley, L.J. & Fox, H.C. (2004): The impact of childhood intelligence on later life: Following up the Scottish Mental Survey of 1932 and 1947, in: Journal of Personality and Social Psychology, 86, S. 130–147.

Erikson, E. H. (1950): Childhood and society. New York: Norton & Company. [deutsch: Kindheit und Gesellschaft. Stuttgart: Klett-Cotta, 1999].

Ferraro, K. F. & Wilkinson, L. R. (2015): Alternative measures of self-rated health for predicting mortality among older people: Is past or future orientation more important?, in: The Gerontologist, 55, S. 836–844.

Fries, J. F. & Crapo, L. M. (1981): Vitality and aging. San Francisco: Freedman.

Fung, H., & Carstensen, L. L. (2003): Sending memorable messages to the old: Age differences in preferences and memory for advertisements, in: Journal of Personality and Social Psychology, 85, S. 163–178.

Gerstorf, D., Ram, N., Estabrook, R., Schupp, J., Wagner, G. G., Lindenberger, U. (2008): Life satisfaction shows terminal decline in old age: Longitudinal evidence from the German Socio-Economic Panel Study (SOEP), in: Developmental Psychology, 44, S. 1148–1159.

Gerstorf, D., Ram, N., Mayraz, G., Hidajat, M., Lindenberger, U., Wagner, G. G., Schupp, J. (2010): Late-life decline in well-being across adulthood in Germany, the United Kingdom, and the United States: Something is seriously wrong at the end of life, in: Psychology and Aging, 25, S. 477–485.

Gitlin, L. N. & Czaja, S. J. (2016): Behavioral intervention research: Designing, evaluating, and implementing. New York: Springer.

Harrison, R. P. (2015). Ewige Jugend. München: Hanser.

Hank, K. (2011): How ›successful‹ do older Europeans age? Findings from SHARE, in: The Journals of Gerontology: Series B: Psychological Sciences and Social Sciences, 66B(2), S. 230–236.

Havighurst, R. J. (1948/1972): Developmental tasks and education. New York: MacKay.

Heckhausen, J., & Schulz, R. (1995): A Life-span theory of control, in: Psychological Review, 102, S. 284–304.

Heckhausen, J., Wrosch, C., & Schulz, R. (2010): A motivational theory of life-span development, in: Psychological Review, 117, S. 32–60.

Hertzog, C., Kramer, A. F., Wilson, R. S., & Lindenberger, U. (2009): Enrichment effects on adult cognitive development: can the functional capacity of older adults be preserved and enhanced?, in: Psychological Science in the Public Interest, 9, S. 1–65.

Heyl, V. & Wahl, H.-W. (2012): Managing daily life with age-related sensory loss: Cognitive resources gain in importance, in: Psychology and Aging, 27, S. 510–521.

Hoben, M., Bär, M. & Wahl, H.-W. (2016): Implementierungswissenschaft in Pflege und Gerontologie. Stuttgart: Kohlhammer.

Hoppmann, C. & Gerstorf, D. (2013): Spousal goals, affect quality, and collaborative problem-solving: Evidence from a time-sampling study with older couples, in: Research in Human Development, 10, S. 70–87.

Hülür, G., Drewelies, J., Eibich, P., Düzel, S., Demuth, I., Ghisletta, P., Steinhagen-Thiessen, E., Wagner, G. G., Lindenberger, U., & Gerstorf, D. (2016): Cohort differences in psychosocial function over 20 years: Current older adults feel less lonely and less dependent on external circumstances, in: Gerontology. Online publiziert.

Kahn, R. L. & Antonucci, T. (1980): Convoys over the life course: Attachment, roles, and social support. In P. B. Baltes & Brim, O. (Hrsg.), Life-span development and behavior. Band 3, New York: Academic Press, S. 254–283.

Kotter-Grühn, D. (2015): Changing negative views of aging: Implications for intervention and translational research. In: M. Diehl & H.-W. Wahl (Hrsg.), Research on subjective aging: New developments and future directions. Annual Review of Gerontology and Geriatrics, Volume 35. New York: Springer, S.165–184.

Kruse, A. (2016). Das letzte Lebensjahr. Zur körperlichen, psychischen und sozialen Situation des alten Menschen am Ende seines Lebens. 2. Auflage, Stuttgart: Kohlhammer.

Kunzmann, U., Little, T. D., & Smith, J. (2000): Is age-related stability of subjective well-being a paradox? Cross-sectional and longitudinal evidence from the Berlin Aging Study, in: Psychology and Aging, 15, S. 511–526.

Levy, B., Slade, M. D., Kunkel, S. R., & Kasl, S. V. (2002): Longevity increased by positive self-perceptions of aging, in: Journal of Personality and Social Psychology, 83, S. 261–270.

Levy, B. et al. (2015): A culture-brain link: Negative age stereotypes predict Alzheimer's disease biomarkers, in: Psychology and Aging. Online-publiziert.

Lindenberger, U., Lövdén, M., Schellenbach, M., Li, S.-C., & Krüger, A. (2008): Psychological principles of successful aging technologies: A mini-review, in: Gerontology, 54, S. 59–68.

Lövden, Ghisletta, P., & Lindenberger, U. (2005): Social participation attenuates decline in perceptual speed in old and very old age, in: Psychology and Aging, 20, S. 423–434.

Mahne, K., Wolff, J. K., Simsonson, J. & Tesch-Römer, C. (2016): Altern im Wandel. Zwei Jahrzehnte Deutscher Alterssurvey (DEAS).Berlin: Deutsches Zentrum für Altersfragen (über Homepage abrufbar).

Martens, A., Goldenberg, J. L. & Greenberg, J. (2005): A terror management perspective on aging, in: Journal of Social Issues, 61, S. 223–239.

Meisner, B. A. (2012): A meta-analysis of positive and negative age stereotype priming effects on behavior among older adults, in: The Journals of Gerontology Series B: Psychological Sciences and Social Sciences, 67, S. 13–17.

Misoch, S., Doh, M. & Wahl, H.-W. (2014): Neue Medien und neue Lebensläufe, in: H.-W. Wahl & A. Kruse (Hrsg.), Lebensläufe im Wandel: Sichtweisen verschiedener Disziplinen. Stuttgart: Kohlhammer, S. 201–214.

Mollenkopf, H., Oswald, F. & Wahl, H.-W. (1999): Alte Menschen in ihrer Umwelt: »Drinnen« und »Draußen« heute und morgen, in: H.-W. Wahl, H. Mollenkopf & F. Oswald (Hrsg.), Alte Menschen in ihrer Umwelt: Beiträge zur ökologischen Gerontologie. Wiesbaden: Westdeutscher Verlag, S. 219–238.

Ng, R., Allore, H. G., Trentalange, M., Monin, J. K., & Levy, B. R. (2015): Increasing negativity of age stereotypes across 200 years: Evidence from a database of 400 million words, in: Plos One, 10(2). Online publiziert.

Oeppen, J. & Vaupel, J. W. (2002): Broken limits to life expectancy, in: Science, 296 (5570), S. 1029–1031.

Oswald, F., Wahl, H.-W., Schilling, O., Nygren, C., Fänge, A., Sixsmith, A., Sixsmith, J., Széman, Z., Tomsone, S., Iwarsson, S. (2007): Relationships between housing and healthy aging in very old age, in: The Gerontologist, 47, S. 96–107.

Park, D. C. & Reuter-Lorenz, P. (2009): The adaptive brain: Aging and neurocognitive scaffolding, in: Annual Review of Psychology, 60, S. 173–196.

Rowe, J. W., & Kahn, R. L. (1987): Human aging: usual and successful, in: Science, 237, S. 143–149.

Rowe, J. W., & Kahn, R. L. (2015): Successful Aging 2.0: Conceptual Expansions for the 21st Century, in: The Journals of Gerontology Series B: Psychological Sciences and Social Sciences. Online publiziert.

Salthouse, T. A. (2006): Mental exercise and mental aging: Evaluating the validity of the »use it or lose it« hypothesis, in: Perspectives on Psychological Science, 1, S. 68–87.

Sargent-Cox, K., Anstey, K., & Luszcz, M. (2010): Patterns of longitudinal change in older adults' self-rated health: The effect of the point of reference, in: Health Psychology, 29(2), S. 143–152.

Schafer, M. H., Ferraro, K. F. & Mustillo, S. A. (2011): Children of misfortune: Early adversity and cumulative inequality in perceived life trajectories, in: American Journal of Sociology, 116(4), S. 1053–1091.

Schilling, O. K., Wahl, H.-W., Boerner, K., Horowitz, A., Reinhardt, J. P., Cimarolli, V. R., Brennan-Ing, M., & Heckhausen, J. (2016): Developmental regulation with progressive visual loss: Use of control strategies and affective well-being, in: Developmental Psychology, 52, S. 679–694.

Schulz, R., Wahl, H.-W., Matthews, J.T., de Vito Dabbs, A., Beach, S.R. & Czaja, S.J. (2015): Advancing the aging and technology agenda in gerontology, in: The Gerontologist, 55, S. 724–734.

Schwenk, M., Zieschang, T., Oster, P. & Hauer, K. (2010): Dual-task performances can be improved in geriatric patients with dementia: results of a randomised controlled trial, in: Neurology, 74, S. 1961–1968.

Silverstein, M., Parrott, T., Angelinni, J.J., & Cook, F.L. (2000): Solidarity and tension between age-groups in the United States: challenge for an aging America in the 21st century, in: International Journal of Social Welfare, 9, S. 270–284.

Tesch-Römer, C. (2005): Sterben und Tod im mittleren und höheren Erwachsenenalter, in: S.-H. Filipp & U.M. Staudinger (Hrsg.), Entwicklungspsychologie des mittleren und höheren Erwachsenenalters. Göttingen: Hogrefe, S. 829–854.

Tesch-Römer, C. & Wahl, H.-W. (2017): Successful aging and aging with care needs: Arguments for a comprehensive concept of successful aging, in: Journal of Gerontology: Social Sciences. (Erscheint 2017)

Villar, F. (2012): Successful aging and development: The contribution of generativity in older age, in: Aging & Society, 32(7), S. 1087–1105.

Vogel, N., Schilling, K., Wahl, H.-W., Beekman, A.T.F. & Penninx, B.W.J.Z.H. (2013): Time-to-death-related change in positive and negative affect among older adults approachung the end of life, in: Psychology and Aging, 28, S. 128–141.

Wagner, M., Schütze, Y. & Lang, F R. (2010): Soziale Beziehungen alter Menschen. In U. Lindenberger, J. Smith, K. U. Mayer & P. B. Baltes (Hrsg.), Die Berliner Altersstudie. Berlin: Akademie Verlag, S. 325–344.

Wahl, H.-W. (2012): Stellenwert und Ziele von Interventionsforschung und -praxis, in: H.-W. Wahl, C. Tesch-Römer & J.P. Ziegelmann (Hrsg.), Angewandte Gerontologie. Interventionen für ein gutes Altern in 100 Schlüsselbegriffen. 2. Auflage, Stuttgart: Kohlhammer, S. 21–27.

Wahl, H.-W., Fänge, A., Oswald, F., Gitlin, L.N., & Iwarsson, S. (2009): The home environment and disability-related outcomes in aging individuals: What is the empirical evidence?, in: The Gerontologist, 49, S. 355–367.

Wahl, H.-W. & Heyl, V. (2015): Die psychosoziale Dimension von Sehverlusten im Alter, in: Psychotherapie im Alter, 12, S. 21–43.

Wahl, H.-W. & Lang. F. (2006): Psychological aging: A contextual view, in: P.M. Conn (Hrsg.), Handbook of models for human aging Amsterdam: Elsevier, S. 881–895.

Wahl, H.-W. & Oswald, F. (2016): Theories of environmental gerontology: Old and new avenues for ecological views of aging, in: V.L. Bengtson & R. Settersten, R.A. (Hrsg.). Handbook of theories of aging. 3. Auflage, New York: Springer, S. 621–641.

Wahl, H.-W. & Steiner, B. (2014): Innovative Wohnformen, in: J. Pantel, J. Schröder, C. Sieber, C. Bollheimer, A. Kruse (Hrsg.), Praxishandbuch der Altersmedizin. Geriatrie – Gerontopsychiatrie – Gerontologie Stuttgart: Kohlhammer Verlag, S. 701–707.

Wahl, H.-W & Schilling, O. (2012): Das hohe Alter, in: W. Schneider & U. Lindenberger (Oerter/Montada), Entwicklungspsychologie. 7. Auflage, Weinheim: Beltz, S. 307–330.

Westerhof, G., Miche, M., Bothers, A., Barrett, A., Diehl, M., Montepare, J., Wahl, H.-W. & Wurm, S., (2014): The influence of subjective aging on health and longevity: A meta-analysis of longitudinal data, in: Psychology and Aging, 29, S. 793–802.

Wettstein, M., Schilling, O. K. & Wahl, H.-W. (2017): Still feeling healthy after all these years: The paradox of subjective stability versus objective decline in very old adults' health and functioning across five years, in: Psychology and Aging. (Erscheint 2017)

WHO (2001): International Classification of Functioning, Disability and Health (ICF). Genf: World Health Organization.

Wrzus, C., Hänel, M., Wagner, J., & Neyer, F. J. (2013): Social network changes and life events across the life span: A meta-analysis, in: Psychological Bulletin, 139, S. 53–80.

Bildnachweis

Abb. 1, S. 32, Archiv Prof. Dr. Wahl
Abb. 2, S. 48, Archiv Prof. Dr. Wahl
Abb. 3, S. 64, nach Levy et al. (2002), S. 264
Abb. 4, S. 75, nach Wahl & Schilling, (2012), in: Schneider, Lindenberger u. a., Entwicklungspsychologie, Beltz, Weinheim 2012, S. 236
Abb. 5, S. 88, vereinfacht nach Park & Reuter-Lorenz (2009), S. C1
Abb. 6, S. 101, Fung, H., & Carstensen, L. L. (2003): Sending memorable messages to the old: Age differences in preferences and memory for advertisements, in: Journal of Personality and Social Psychology, Vol. 85, S. 177. Publisher: American Psychological Association. Adapted with permission.
Abb. 7, S. 105, nach Kahn & Antonucci (1980)
Abb. 8, S. 109, nach Wrzus et al. (2013), S. 62, Ausschnitt
Abb. 9, S. 120, Archiv Prof. Dr. Wahl
Abb. 10, S. 147, vereinfacht nach Claßen et al. 2014, S. 98
Abb. 11, S. 180, aus: Gerstorf et al. (2008), S. 1154
Abb. 12, S. 213, Mystery and melancholy of a street, 1914, Giorgio de Chirico (1888–1978)/Private Collection/De Agostini Picture Library/G. Nimatalla Bridgeman Images